浑河两岸

抚顺日报社 编

辽宁人民出版社

图书在版编目（CIP）数据

浑河两岸/抚顺日报社编. — 沈阳:辽宁人民出版社，2023.6
ISBN 978-7-205-10774-1

Ⅰ.①浑… Ⅱ.①抚… Ⅲ.①抚顺—概况—文集 Ⅳ.①K923.13-53

中国国家版本馆CIP数据核字（2023）第098213号

出版发行：辽宁人民出版社
　　　　　地址：沈阳市和平区十一纬路25号　邮编：110003
　　　　　电话：024-23284321（邮　购）　024-23284324（发行部）
　　　　　传真：024-23284191（发行部）　024-23284304（办公室）
　　　　　http://www.lnpph.com.cn
印　　刷：辽宁新华印务有限公司
幅面尺寸：185mm×245mm
印　　张：13.5
字　　数：265千字
出版时间：2023年6月第1版
印刷时间：2023年6月第1次印刷
责任编辑：郭　健
装帧设计：孙晓亮
责任校对：吴艳杰
书　　号：ISBN 978-7-205-10774-1

定　　价：68.00元

母亲河

李松涛

群山中流出的这条河，
哺育两岸万家灯火。
炊烟里看过听过，
才知故事从很早就布满生活。

时光中流出的这条河，
浇灌一路春光秋色。
寒暑里寻过访过，
方晓文明从源头就开始收获。

当年，温暖岸人的是同一堆篝火，
今天，照亮苍生的是同一片秋色。
肩头靠着肩头，
承担历史的重托。
心窝贴着心窝，
交流现实的抉择。

哦！悠悠细浪，把根脉款款述说，
让历史骄傲化作今日凯歌。

山河 入 梦来

最爱是吾乡

序

山河入梦来，最爱是吾乡！

一本由抚顺新闻人合力编撰，承载着乡情、乡趣和乡俗的书——《浑河两岸》终于成稿。欣喜之余，感怀不已。深读书稿，领略浑河的澎湃丰筋、辽山的峭拔多姿、城市的历史变迁，一幅以水、山、人、物、业、城、艺、俗为主脉的抚顺文化生态图景，跃然眼前。

浑河是抚顺人的共情记忆，更是凸显的文化符号，抚顺地域的根、本、魂，抚顺风情的意、蕴、脉，抚顺人文的精、气、神，早已与滋养生命、意韵独特的浑河融在了一起。

对于一个地域的情感认知，本地人或许是"身在此山中"的缘故，未必都有很深刻的感受、很清晰的认知，需要跳出地域、重新审视，在古往今来的映照比较中寻找更加鲜明而敏锐的感触。于是，抚顺新闻人有了一次最深情的出发。

（一）

寻根问脉山水间。

千里浑河，始于长白山余脉滚马岭，一路蜿蜒数城，水系发达丰沛。2022年8月，由中共抚顺市委宣传部组织策划，抚顺日报社"浑河两岸"大型融媒采访活动启动，抚顺新闻人从浑河源头出发，顺流而下，一路穿行，一路追寻，一路问脉，一路探源。

他们把最深沉的爱书写在山水间，把最质朴的情感融入字里行间。在《中国国家地理》推崇的巨型U形谷苏子河大转弯，俯瞰自然和世界奇观，听当地村民讲：

"你都没法形容，那个美啊……"这是抚顺人发自肺腑献给城市最质朴的赞美诗，此时此刻，没有什么比一个"美"字更贴切、更生动。在大伙房水库，遥望当年萨尔浒古战场，历史的云烟早已被淹没在一泓碧水之下。汉代玄菟郡、唐代安东都护府、辽代贵德州、后金都城、明代抚顺关城……从诸多历史遗址遗迹中追寻抚顺文化根脉，形象地解码抚顺"锁钥之城"。

有山水情怀，更有历史思辨。冷静背后是自知，更是自省。在本书第二辑中，记者们客观地写道："在辽东山区，生态资源和文化遗存是散在的，单体看都不错，整体看缺乏竞争力，造成这一结果的直接原因就是文化、生态资源整合能力不强。""当前要增强文化、生态资源的感知能力、整合能力、变现能力。"

山川地貌是一个地区历史、文化乃至经济社会发展的底层塑造者。而人文风情就是推动一座城市可持续发展的原始动力。于是，抚顺新闻人在古今穿行中完成了一次力量的聚合。

（二）

古今对话两岸边。

知古不知今，谓之陆沉；知今不知古，谓之盲瞽。"浑河两岸"的最大意义就在于它的鉴古知今、鉴往知来，基于此，"浑河两岸"上升为全市性文化工程，被写入市委全会工作报告。这在抚顺新闻史上还属首次，具有里程碑意义。市委宣传部多次召开策划会、研讨会、座谈会，20多位社科、文化、环保方面的专家学者为"浑河两岸"而来，在深度交流、思想碰撞中，一步步理清"航线"。

艾青在诗中写道："为什么我的眼里常含泪水，因为我对这土地爱得深沉。""浑河两岸"启程后，沿途七市新闻人伸出友爱援手，与"浑河两岸"同行；10多位本地书画家、摄影家饱含深情，为"浑河两岸"创作；广大市民热情关注，为"浑河两岸"喝彩……随着"浑河两岸"的脚步，大家沉浸在悠悠历史之中，聆听一场古今对话。在本书"人"一辑中写道："提笔简要写下他们的名字和故事，我们没有理由不为浑河、抚顺和自己是抚顺人而骄傲！""一些人循河而来，又沿河走去，历史出现些许空缺，又会有人进行充填，从而造就了浑河儿女敢想、敢干、敢闯、敢试、敢为人先的精神气质和文化品质。"书中讲述的一个个英雄人物的故事，无不例证了浑河儿女独特的精神气质和文化品质。"辛亥革命关东第一人"张榕和他的老师张振声等抚顺人在民族危亡时刻，义无反顾地举起了反封建、反帝制、反殖民统治的大旗，慷慨赴死，血洒浑河两岸；孙铭武、孙铭宸、孙铭久"孙氏三兄弟"，李春润、康乐三、李振山等众多战死在浑河两岸的义勇军壮士，用他们的鲜血，洗涤了民族耻辱，换来了大地重生；新中国成立后，从抚顺走出去的、在抚顺生活过的"抚顺人"成为全国各行各业的榜样，中国石化工业的奠基人褚志远、顾敬心，中国铝冶金教育科研先驱邱竹贤，"100位新中国成立以来感动中国人物"中的马恒昌、孟泰，还有最具代表性的新抚顺人雷锋……如果以历史观照现实，"崇尚英雄才会产生英雄，争做英雄才会英雄辈出"，就是抚顺的真实写照。而今，抚顺涌现出一批又一批的平凡英雄，他们都有一个共同的名字"百姓雷锋"，抚顺也因此有了一个新的名字——"雷锋城"。

长河奔涌，千古风流人物；江山如画，一时多少豪杰。古往今来，多少抚顺人在浑河这部流动的史诗中写满了对美好生活的向往，而今，抚顺人继承先辈们的遗志，用一个个接续奋斗的生动场景续写着美好的未来。在孙氏三兄弟的家乡，清原满族自治县南口前镇南三家村正全神贯注地发展特色农业产业，走在新时代乡村振兴的路上；曾经肆虐的浑河水经过治理，建成大伙房水库，不仅供养了辽宁7座城市2300万居民，更灌溉出下游稻谷飘香；"亿万人民正索要你更多的乌金墨玉""千万企业正等你拿出更多的工业食粮"，诗人郭小川笔下的矿山正在转型为现代化绿色矿山。

我们走得再远，走到再光辉的未来，也不能忘记走过的过去，不能忘记为什么出发。欣逢盛世，奋斗当歌。本书站在文化、生态的端口，多维度导入城市的前世今生，为人们输出了历史自豪、文化自信、发展自觉。

深读本书总会让人感知到一种行走的力量，就像诗人笔下的煤都"永远永远是生活的热和力的源泉"。

（三）

山水赋能春潮涌。

如今的浑河两岸，已然激情奏响"工业立市、工业强市、产业兴市"的澎湃音符！

"千万吨炼油、百万吨乙烯"世界级炼化"航母"稳步前行；抚顺高新区正昂起高端精细化工产业的龙头；"两钢一铝"等"老字号"正组成高端冶金新材料的巨型方阵；抚矿集团煤化工和煤矸石产业深度蜕变，奏响绿色矿山的华美乐章；清原抽水蓄能电站建设、沈白高铁建设……大项目建设的"主战场"，昼夜兼程，"战斗"正酣，"六大产业"焕发蓬勃生机。

如今的浑河两岸，已然动情地铺展开绿水青山、人与自然和谐共生的美丽生态画卷！

绿水汤汤，青山莽莽。黑土地里长出了中药材、食用菌，山沟沟里建起现代化工厂，农民操控的无人机从头顶飞过。秃山沟变成了溪水清澈、林木茂盛的生态沟，用美丽生态换美好未来的设想已开始付诸行动。

山水相依，古今交融，往事越千年。曾经的荣耀正化作攻坚克难、转型振兴的志气、底气、风气、锐气，人们把千年逐梦、奋楫前行的激情挥洒在浑河两岸，投身于全面振兴新突破三年行动。心向往之，行必将至。

目　录

第三篇 | 人

第四篇 | 物

第七篇 | 艺

第八篇 | 俗

坠雨辞云
流水归浦

深河两岸

第一篇

铺陈千年历史画卷，浑河就是一部抚顺人民的心灵史。从高空鸟瞰浑河水系，像有人从高空悬腕捉起一支如椽巨笔，在大地上笔走龙蛇，点划到处，山峦三筋，百川汇聚，大气磅礴，一泻千里。它以独特的山川地貌、生态环境、澎湃性格，塑造了浑河儿女独特的精神文化气质，并对中华民族上下五千年文明史产生过重大影响。

市委宣传部组织策划，抚顺日报社聚焦浑河，组成特别报道团队，从浑河源头出发，开启"浑河两岸"之旅。

《山海经》《汉书·地理志》《水经》等史书记载的辽山辽水，所指的地方就在抚顺和辽东山区，满族人称为纳鲁窝集，现代人称龙岗山脉。龙岗山脉以自己的神奇景象和奇特地貌，造就了浑河、柳河、清河、柴河、苏子河、富尔江、太子河等众多河流。浑河作为最激情、最澎湃的一脉，以495.4公里的长度，今天依然哺育全省7个城市2300万人口，以大阔胸怀书写着北方的历史和未来。

远在7200年前，抚顺地下的煤精琥珀被沈阳新乐人打制成耳环、璎珠……诠释浑河文明最古典的美学；4000年前，汉藏语系与通古斯语系在浑河畔交融，秽貊、肃慎、东胡、汉族就在浑河流域共同生活。公元前1100年，"殷商三贤"之一的箕子，率五千部众经浑河奔向辽东和西太平洋沿岸，这一地区的汉字、传说、衣冠及生活习惯，有了商周时代的风范。公元前300年，战国名将燕国的秦开，开疆辟土击东胡2000余里，燕长城、秦长城、汉长城前赴后继在浑河之畔伸展。秦朝辽东郡的驿路封泥，汉朝玄菟郡的虎符兵印，唐朝安东都护府的名帖碑刻，契丹贵德州的高耸辽塔，宋元的鼓角争鸣远去，明清的铁马金戈又来。旧时光，飞云追雪，新人物，纷至沓来……与澎湃浑河炼气一脉，慷慨交响。

辛亥革命风起云涌，五四运动破旧立新。被孙中山先生尊称为"关东革命第一人"的张榕，率先在浑河岸边扛起反帝制、反侵略、反殖民大旗。浑河儿女纷纷投身于革命洪流。清原孙铭武毁家纾难，举

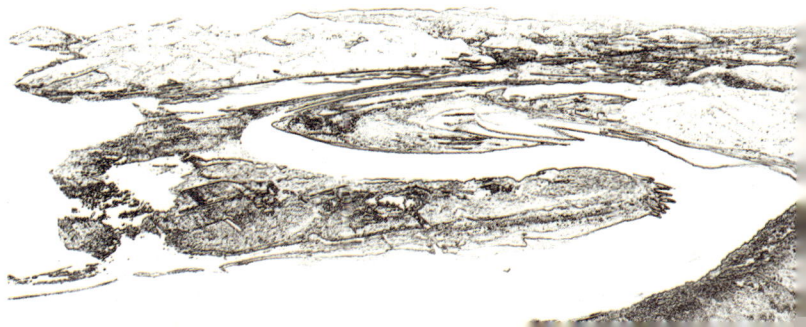

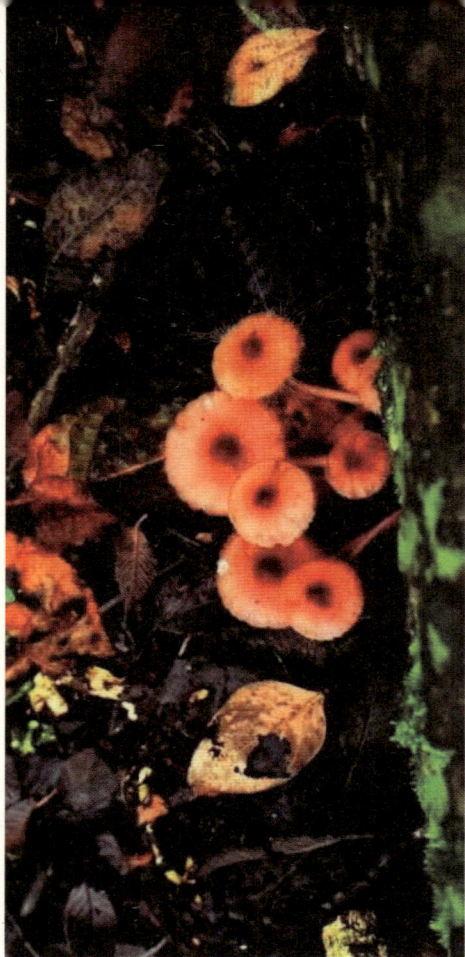

起辽东血盟救国军旗帜，并创作唱响"国歌母本"之一的血盟救国军军歌，中共抚顺特支书记杨靖宇率领的抗联与日寇在浑河边浴血奋战。抗美援朝、社会主义建设时期，"空战之王"赵宝桐、共产主义战士雷锋、试飞英雄李中华等英雄人物不断涌现。

新中国成立后，抚顺迎来了快速发展的时期。实现新中国工业化，首先要建立健全煤、油、电、钢、铝等基础大工业，当时全国唯一具备这些工业基础和体系的城市就是浑河岸边的抚顺。新中国第一个五年计划，全国156项重点工程，抚顺一地就占8项。改革开放前，抚顺作为计划经济最稳定的"压舱石"，在煤炭、石化、冶金、电力、机械、工程等工业领域，一直是工业化革命的先行者和先锋城市，为我国实现工业化并拉近与世界工业强国距离作出巨大历史贡献。在构建中国工业化这一历史舞台上，抚顺被选为主角——成为中国工业化的先行城市。如此恢宏壮阔的交响乐，是抚顺最宝贵的精神财富，值得永远传唱。

在新的历史时期，抚顺为了全面落实国家建设东北东部绿色经济带部署、深度融入全省"一圈一带两区"区域发展格局，锚定"工业立市、工业强市、产业兴市"抓项目，加快了建设辽东绿色经济区的步伐。投资百亿元的清原抽水蓄能电站、投资4亿元的生物质热电联产项目、抚顺矿区光伏发电、城市生活垃圾焚烧发电项目等绿色循环可持续发展项目，西露天矿综合治理与整合利用等项目，有的已经投产发电，有的即将竣工，从而改变抚顺的经济发展结构和格局。抚顺作为东北老工业基地，正通过城市经济转型调整发展方向，为更美好的明天努力奋斗。

抚顺日报社"浑河两岸"大型融媒系列报道，对浑河的地理、生态、自然、历史、文化等进行再梳理、再认识，贯彻执行省委提出的深入阐释辽宁"六地"的丰富内涵和时代价值要求，以全力建设"创新抚顺、活力抚顺、绿色抚顺、文明抚顺、幸福抚顺"为目标，文化赋能，生态赋能，推进抚顺高质量发展。

知今而不知古，谓之盲瞽；知古而不知今，谓之陆沉。回望浑河几千年文明史，《抚顺日报》2022年推出"浑河两岸"大型融媒系列报道，从水、山、人、物、业、城、艺、俗八大版块，向读者呈现一条北方大河的汹涌澎湃、一个城市在历史进程中的激情豪迈。

远古，曾有一个巨大的潦泽横亘于辽宁中东部地区。大海浸蚀陆地与巨潦相通，后人称之为辽海或辽泽。现在的辽宁东部地区，长白山余脉突兀重叠起两道山岭——龙岗山脉和哈达岭。长白山余脉西坡地势陡峭，植被丰茂，水流丰沛，入潦之水大多发源于此，浑河、太子河、东辽河等众多河流，向西而不是向东流淌的浩荡奇观，在辽宁这片神奇的土地上展开。

入潦之水统称潦水，浑河最古老的名字就叫潦水或辽水，沧海桑田，地质变迁，巨潦逐渐枯萎消失，浩荡大水逐渐瘦成一条条河流，这就是今天的浑河、太子河和辽河。入潦之水有了不同的名称，辽河叫大辽水，浑河叫辽水或小辽水。辽水出辽山，辽山在汉玄菟郡也就是现在抚顺境内，辽水所指的就是现在的浑河。

浑河发源于抚顺市清原满族自治县滚马岭，曾经是辽河最大的支流，现在已经成为独立的水系，以495.4公里流程造就了抚顺、本溪、沈阳、辽阳、鞍山、营口、盘锦等辽宁中东部城市群，流域面积阔达2.5万平方公里，年径流量50亿–70亿立方米，在生态安全和经济发展上，已经成为辽宁区域发展最重要的河流。

浑河之水天上来

2022年8月1日，抚顺日报社"浑河两岸"大型融媒系列报道采访团队，经过一路长途跋涉，从沈阳、辽中、台安、海城、营口、盘锦及浑河入海口等不同河段取来浑河水，来到浑河主源——清原满族自治县滚马岭。这是抚顺新闻界有史以来，第一次近距离触摸和感受浑河母亲总体的神态和样貌。

浑河源头滚马岭是清河、柴河、柳河和浑河四大地区性河流发源之地，浑河、清河、柴河向北、向西流淌在辽宁大地上，柳河则是东北地区重要江河松花江水系的源头之一。为了保护生态安全，浑河源常年处于封闭的原始状态。

走上高高的滚马岭，有风舞动树叶的旋律与浑河源的潺潺流水一起吟唱，这是母亲河《摇篮曲》般的轻唱。河流是人类和大地生灵的母亲，没有河流的滋养和哺育，生命是难以繁衍和生存的。人们不禁发出疑问，滚马岭及龙岗山脉为什么是众多地区性河流的源头？

浑河之水天上来。追溯浑河水资源的集聚和形成，人们会情不自禁地仰起头，凝视高空中的高天流云。那些云最初来自蒙古高原和浩瀚的西太平洋，大海的水蒸气在季风作用下生成不同形态的云朵，在副热带高压作用下向西北推进，长白山系的层层阻拦，让这些气流寻找江河与山川的缝隙，一路穿插，当辗转来到抚顺和辽宁东部地区，一个不高不低的神奇山岗出现了，太平洋副高散发的东南季风与蒙古高原散发的西北季风在此遭遇，激情碰撞，这个地方就是滚马岭所在的龙岗山和哈达岭。

之所以说龙岗山脉神奇，是因为它平均海拔七八百米。平均海拔高于这个高度，两股季风很难遭遇；平均海拔低于这个高度，冷暖气流即使交汇，也只是萍水相逢，形似路人。平均七八百米的海拔高度，适宜冷暖空气交锋，这种天作之合，是抚顺清原滚马岭成为"四水之源"和龙岗山脉成为浑河、苏子河、太子河、富尔江等众多河流发源地的主要原因之一。

辽宁水脉在龙岗

平均海拔七八百米，是针叶林和阔叶林生长的分界线，龙岗山脉另一神奇之处是所有山岭恰到好处地被温带阔叶林覆盖。当"浑河两岸"采访团队攀登上龙岗山脉主峰岗山和浑河源头滚马岭，一脚踩下去，层层落叶覆盖的山地，会像弹簧床般一起一伏，千万年腐败的落叶已经变成了黑色的腐殖土，叶有多厚，土有多深，这是浑河源头和辽东山区储藏水源的另一个秘密。

温带阔叶林蓄水作用巨大。当雨水降落到抚顺的龙岗山脉，15%-40%的雨水被林冠截留，其余5%-10%的雨水被林下枯枝落叶层吸收，50%-80%的雨水渗入地下成为地下水。科学数据显示，5万亩森林的蓄水量相当于一座100万立方米的水库容量，平均每平方公里森林可贮存5万-20万吨水。以大伙房水库为中心的水资源保护区面积达5000平方公里，以这个数据推算，可以知道浑河流域对全省的生态安全和水资源贡献有多大。

如果展开辽宁省整个区域图，结合全省全年降水量数据，人们会发现辽宁省西北部和西部大部地区降水量较少，在600毫米以下，其中建平县最少，在400毫米左右，而辽东山区降水量则在800毫米以上。鸭绿江支流浑江和龙岗山脉所属的浑除了无霜期降雨，漫长的有霜期，是抚顺和辽东山区储备水源的另一大法宝。辽宁平均降雪期多出现在当年十一月到来年三四月之间。初雪日与终雪日之间称为降雪期，辽宁省平均降雪期在四到六个月之间，大约在130天–150天，浑河源龙岗山脉地区的清原满族自治县则高达188天。历史气象数据显示，辽宁省最长降雪的地区，出现在沿海地区，大约在160—200天，而浑河源头的降雪期为全省最高，长达233天。

冰冻层有利于水资源的储存和保护。浑河之源龙岗山脉就像一个巨大的蓄水宝瓶，一年四季，春夏秋冬，都在以大自然特有的魅力储藏雨水和冰雪。春天来时，冰雪和冻土层逐渐融化，像自来水一般拧开"水龙头"向下游放水；当夏秋阔叶林和其他地表植被生长起来，太平洋和蒙古高原的冷暖空气在龙岗山脉交汇，大森林再一次变成天然蓄水池。冬季，纷纷扬扬的瑞雪降落在抚顺和龙岗山脉上……这些周而复始的自然动作，是辽东山区水资源取之不尽、用之不竭的奥秘和原因。

澎湃浑河生态赋能

以大伙房水库为中心的水利调节工程和生态保护系统，是顺应自然、尊重自然、主动生态赋能的典范。这个在新中国刚刚诞生不久就规划实施和建设的全国首个大型水利工程，至今还在造福辽宁、造福人民。

除了上源浑河、苏子河、社河三大流域水系，围绕浑河主流还有许多支流为浑河提供生态动力，右岸有英额河、章党河、万泉河、细河和蒲河等；左岸有苏子河、萨尔浒河、社河、东洲河、古城子河、拉古河、白塔堡河等。其中，流域面积大于100平方公里的支流就有31条。

抚顺的大伙房水库和东部的龙岗山脉，孕育了东北的古代文明和现代大工业文明，大伙房水库每年向下游受水城市输送11.66亿立方米优质水源，约占沈阳、鞍山等7个城市总用水量的50%以上，这条河流对辽宁经济发展和振兴东北老工业基地的重要性不言而喻。浑河流经抚顺市200余公里，约占浑河总长度的一半。为了守护好这方青山绿水，抚顺宁可牺牲局部经济利益，也要举全市之力投入到水资源保护和生态建设上。

守住自然生态安全边界，牢固树立"两山"理论，积极探索绿色发展路径，是抚顺全市上下主动为辽东绿色生态区建设赋能，主动为全省生态安全和发展赋能，长期坚持的发展理念。

一脉浑河，汹涌澎湃，涌动着抚顺全市人民的生态自信和发展自信。

这世上但凡能称之为大河的，都不会只有一个源头，聚流成河，方才有了海纳百川，家乡的浑河亦是如此。

若将清原的红河、英额河称为浑河北源的话，那么发源于新宾的苏子河就是浑河的南源。苏子河源于满语"苏克素护毕拉"，"苏克素护"译为鱼鹰，"毕拉"即为河。

北源已览，尚欠南源，总想着要到浑河的南源苏子河看看。一天我偶然翻到一本旧书，才知原来苏子河早有记载。这本书名叫《清一统志》，书中所写苏子河"源出边外呼伦岭，绕至启运山之南，又北折经黑门穆奇水手堡，又北经界藩西南入浑河"。

（一）

"源出边外呼伦岭"。

"源出边外"应与清代柳条边有关，即苏子河的源头在柳条边之外，"呼伦岭"又似乎与如今新宾红升水库附近的五凤楼岭有关，因这"呼伦岭"恰好是五凤楼岭向北延伸的一个分水岭。

几经打听，我们终于在新宾红升乡关家村附近寻得了"呼伦岭"。抬头望去，"呼伦岭"果然是一个分水岭，山岭的东西两侧各有一条小溪流淌而来，西边的叫西岔，东边的叫正岔。

我们沿正岔的方向走进了一片茂密的松林之中，低头看时，脚下平整的柏油路渐渐被曲折蜿蜒的机耕小路所取代，小路越走越深，裸露在外的土地变得越来越少，直到完全被两侧的杂草所吞并，眼睛里也只剩下绿茫茫的一片。就在我正为迷路而担心时，一侧的草丛中忽

苏水河畔

浑河两岸　第一篇

/ 009 /

然露出一块写有"苏子河源头采样点"的蓝色小标牌，这小标牌就像是个迎客人，在路边招呼着我们继续向前。果然，我们再走不多远，就看到了一个山门，与其说是山门，不如说是牌坊，左柱和横梁部分由棕黄相间的仿木搭建而成，绕柱缠着几条藤蔓，右柱则是一块高大的山石，用枣红色的字竖写着"苏子河源头"。

过了山门，没走多一会儿，眼前忽然出现了一池清水，就像一头温顺的小鹿，安静地卧在树丛下休息。当我走近之后再看，这水清澈见底，水面上还飘着一些泛黄的落叶，落叶和池边一棵大树的倒影在水中交织，一时间我竟难以分辨出哪里是真叶，哪里是倒影，水里的小鱼仿佛察觉到了我的出现，惊慌地朝远处遁去，鱼尾摆动，在水面留下了阵阵涟漪。

在这池清水旁有一块心形的山石，上面刻着"苏子河源头"，这就是我们的目的地了。环看四周，此处同"纳鲁窝集"一样静谧清幽，我想可能每一条大河在形成之初，都如这般安静，它们悄悄地汇聚成涓涓细流，继而成为滔滔大河奔涌着流入大海，就像是一个人默默努力拼搏，最终获得成功的辉煌历程。

我们走出源头，一路跟随苏子河绕过红升水库北侧的卧虎山，继续向西穿过新宾镇，流经九圣、胜利、彩虹、衍水、和平、龙头等6座大桥，随后又继续向西。

就在新宾镇附近，我们偶然间发现了一个极具民族风格的村庄，远远看着，一幢幢的小屋清一色都是青瓦白墙，造型独特，错落有致。走进村子我们才知道这是蓝旗朝鲜族民俗村，"中国少数民族特色村寨"之一，这里在很久以前就是一个朝鲜族聚居的村落，至今仍保持着民族传统的生活方式。

我们在村子里漫步，这时我被一家院子里的沙果树所吸引，正值沙果成熟时，小巧玲珑的沙果红黄相间，一簇簇挂在枝头，看上去很是喜庆。恰好此时这家的男主人走了出来，得知我们的来意后，他很热情地招呼我们进屋坐坐，屋内的装修依旧保持着传统的民族风格，男主人将院子里刚摘的沙果放在屋内炕上的短腿矮桌上请我们品尝，新鲜的沙果酸甜可口。

我发现这间屋子内竟没有一把椅子，火炕占了屋里一半的面积，大家管这炕叫"温突儿邦"（意为温石炕），不同于一般的火炕在里屋、灶台在外屋的模式，这里的火炕与灶台相连在一起，做饭、休息都在同一间屋子里，炕沿边上就是灶台，在灶台下烧火，不但能做饭，其热气和浓烟又可以通过炕下通道出户外，整个炕面就会变得温热，这种灶坑既方便、又卫生，非常适合东北寒冷的气候。

通过交谈得知，这家的男主人姓金，长我几岁，我便叫他金大哥。金大哥说他原本是一个"北漂"，在北京跟几个朋友一起开了家朝鲜族特色餐馆。去年一次回家探亲时，他偶然得知村里正在计划开发旅游产业，发展特色民宿项目，几番考虑后，没想到他就再也没有回北京。金大哥说："现如今大家的生活品质提高了，解决了'衣''食''住'，就剩一个怎么好好的'行'了，我发现这几年喜欢户外野营、民俗民宿的人越来越多，正好赶上村里正在搞旅游开发，索性我也不回北京了，就留在家里，跟同村的哥们儿一起计划盖一个有丰富民族特色的民宿大院！"临走时，金大哥还邀请我们，等他的大院盖好了，一定要带着家人一起来玩。

金大哥的话不假，如今村子里旅游产业的开发已初现端倪，已经有不少游人特意到此打卡。从他家出来，我们继续向村子西边走，这里新建了一个小型游乐园，园内有朝鲜族特色的秋千和类似跷跷板一样的跳板，都刷着色彩鲜艳的漆。早些年我就听闻"压跳板""荡秋千"是朝鲜族女孩最喜爱的传统体育运动，这两项运动在2006年还入选了第一批国家级非物质文化遗产名录。每逢喜庆的节日，姑娘们便会着盛装参加这两项运动，漂亮的服饰随着身体摆动，在空中飘扬，更衬托出女孩们的灵动、勇敢和美丽。

在小游乐园附近，我们还看到有8个极具民族特色的民宿小屋整齐地排列在一起，每个小屋都很干净整洁，独立的卫生间，空调、电视、热水器一应俱全，看来已经有人比金大哥抢先一步发现了商机。

小屋的窗后是一望无际的稻田，在稻田的远方隐约看见山峦起伏绵延，峰峦叠嶂，我驻足在小屋的后院欣赏这难得的美景，恰逢夕阳落下，眼前金灿灿的一片，听溪水潺潺，看远山如黛，苏子河静静地在这个小村子里流淌，群山、稻田、小屋、风车、秋千，各色景致相得益彰。

（二）

"绕至启运山之南"。

苏子河从新宾镇流到永陵镇，并绕镇里的启运山之南而过，这里历史悠久，气韵非凡。

早在新石器时代，这一带更有人居住，世界文化遗产清永陵、国家级重点文物

保护单位赫图阿拉城皆位于此，它们与建州老营、宁古塔六祖城在苏子河畔错落而建，见证了那段清王朝肇兴的过往。往事如烟，一段传奇已随着历史的车轮远去，但在中华民族优秀传统文化的灿烂星河中，满族文化依然是其中瑰丽神秘的一颗星。

然而，当我们来到永陵镇的苏子河畔时，刚刚提到的那些地方一个都没去，反而是跟着老傅来到一块看似平平无奇的苞米地前。盛夏的苞米地绿油油的一片，有的已结出几根青穗。在这片苞米地里有我们此行探访的一个国家级文物保护单位——汉代永陵南城址，即汉代玄菟郡的第二个郡治，郡就相当于现在的省，所谓郡治就相当于现在的省会。

我抬头远望，这里地处两河的交汇口，从南面流淌而来的二道子河与苏子河在此汇聚，随后向西流淌，形成了一个三角洲，永陵南城址便位于这西南河口的附近。

这便是汉代玄菟郡的郡治，在西汉时期，汉武帝灭卫氏朝鲜后，在东北方设玄菟郡、乐浪郡、临屯郡和真番郡，合称"汉四郡"。玄菟郡是汉四郡中面积最大的一个，也是最重要的一个。

玄菟很有可能指的就是东北虎。在古代，"玄"是一种颜色，指代黑色，也有玄水之说，泛指北方的水。而"菟"在古代称老虎为於菟（wū　tú），曾一度引发"洛阳纸贵"的西晋文学家左思，就曾在《三都赋》中有过"乌菟之族，犀兕之党"的表达。在北方长有黑纹的猛虎，不出意外的话就是指东北虎。所以不论是从颜色的描绘，还是从方位的角度，似可将玄菟郡译为"雄踞在北方的东北虎之城"。

那么如何确定这里就是永陵南城址呢？早在2004年10月，辽宁省文物考古研究院就对永陵南城址进行了为期5年的考古发掘，其间发现城门址两处、大型建筑址一处，出土了涂有"千秋万岁"瓦当和"莲瓣纹"瓦当，具有非常高的学术研究价值。更为特别的是，在这里发现了西汉王莽时期铸五铢钱所用的钱模，按当时规定，只有郡治才有铸钱的权力，通过出土文物再结合相关史料记载，最终确定这里就是玄菟郡的第二个治所。

汉昭帝始元五年（公元前82年）玄菟郡迁至今新宾永陵南城址，又于东汉安帝永初六年（112年）从这里迁离到抚顺市区的劳动公园附近，前后近200年的时间，低调的永陵镇选择了深藏功与名，很少有人知道这里曾是汉代玄菟郡的治所。

令我们感到遗憾的是，永陵南城址在考古发掘后，便进行了回填，所以如今当我们路过此地时，仅能看见一个略微凸起的方形土堆，土地上都种满了苞米，如青纱帐一般将这片古城址掩盖，只有附近的这条苏子河，见证了这里曾经是一个繁华喧嚣之地。

（三）

"又北折经黑门穆奇水手堡"。

苏子河从永陵镇向西北流向木奇镇的水手堡村。一个"折"字，道出了其中的奥妙。从这里开始，两侧山峰更加错落，两岸间隔的距离也更加相近，苏子河水顺着不断变化的山势不断改变着流淌的方向，变得更加曲折蜿蜒。

我们一路沿着苏子河来到木奇镇，这是一个充满烟火气息的小镇，小镇中车来车往，好不热闹，但相比于这些热闹，最令我印象深刻的是那沉寂在路边的近20株"御路古榆"。

就在离木奇镇政府不远处，有一条东西走向、宽7米的马路，听附近的一位老大爷说，这路原是官府传递公文的古路，在木奇这还曾设过一个驿站，信差到此中转，换马不换人继续前进。清代的康熙、乾隆、嘉庆、道光在东巡祭祖时皆走此路，于是这里也就成了御路。"黄土垫道、净水泼街"是那时皇帝出行时的标配，这些古榆则被当作绿化带，栽种在御路的两侧。

我来到古榆树下，这些榆树最高的接近20米，树干粗壮到我们三人都难以合抱，有的树干下已经形成了一个大空洞。老高从小就在农村长大，他管这叫"榆树窟窿"，里面藏进去一两个人不成问题。我想起刚才听附近的人说，树荫下的这条路以前通小客车，等车的人就常躲进这"榆树窟窿"里避雨、纳凉，很是方便。

古榆历经风雨，造型别致，姿态各异，当地百姓曾将这些造型比作龙虎、老鹰、蟾蜍等物，将红绸绳绕在上面祈福。听完这些比喻后，我抬头再细品其形，果然很像所比喻之物，尤其是那只蹲在树枝上的"蟾蜍"，头、眼、嘴、身、四肢俱全，眼睛看向上方，头微微前倾，像是安静地在等待着捕捉猎物，当真活灵活现，值得一看。

离开木奇镇，苏子河一路曲折流淌，形成了数个独特的自然地理风貌U形谷，在当地老百姓口中，都管这叫"大转弯"。"大转弯"近些年吸引着众多户外爱好者前来打卡，这其中尤以转湾子村的"大转弯"、姚家水电站的大龙湾最为出名。

我们这次就选择去转湾子村的"大转弯"，位置在南杂木镇转湾子村邱家堡子附近。我们一路开到了邱家堡子，这个安静的小村庄进出只有一条路，很少有人光顾，村口的大爷大娘看见我们进村，还以为是谁家的姑爷回来探亲了。

几经寻找，我们仍没找到"大转弯"的踪影，还差点儿把车开进人家的院子里去。我们把车开回到村口的那棵大树下问问路，要知道在东北，老百姓常常喜欢聚到村口的大树下唠嗑，那里是"信息中心"，什么"张家长李家短"的事，在这里都能听说个大概。

村子里的年轻人大多已经搬走或外出打工，大树下坐着的人大都已年过半百、头发花白。我走到大树下，未开口，一旁的大婶便跟我打招呼，我连忙问她是否知道这附近有个"大转弯"。"你们是来旅游的吧？大转弯就在这个山坡的后面，不远了，哎呀那地方老美了！"说罢她拿出手机给我翻看她之前拍大转弯的照片，指着远处说："你们就从那走过去，然后右拐再左拐，穿过那片林子，上山后就到了。或者也可以从咱们村这里走下去，回到刚才的那个路口再向山里走。"我听完大婶一连串的描述后彻底蒙了，在她脑海里很好走的路，在我听起来却像"山路十八弯"。

旁边的一位大爷似乎看出了我的困惑，他说："不如我带你们去看看吧，我捡山核桃的时候经常去那个山坡。"我在感激之余，从车后备箱中拿出上次露营剩下的一箱啤酒表示感谢，大爷见推托不过便说："我也不喝酒，那就给他们大家一起喝吧。"

大爷姓李，今年79岁了，从小就在这个村里长大，从来都没有走出过这个小村子，老伴已经去世，经济来源就是种地，去年收成略微好一些，种了不到5亩的地，挣了不到4000元，再加上村里发的补助3000多元，一年的收入并不多。即使这样，李大爷每天仍坚持省吃俭用，将攒下来的钱都寄给了远在外地的孙女，老人操劳了大半辈子，如今还在给子女们默默做着贡献。

我们跟着李大爷，走不多远便看见路边有一座小庙，这是前往"大转弯"的一个路标，从这里走过去遇到了一条小河，河水并不深，我们踩着淹没在河中的几块大石涉水而过，随后又沿凹凸不平的土路上山。李大爷说这山路除了摩托车外，其他车根本走不了，前些年村里修过这条路，但后来还是被山洪给冲毁了，我们还算幸运，要是大雨过后，这段路就不能走了。

我们缘山而上，随着山势的逐渐升高，树木也变得更加繁茂起来，一旁的苏子河像个顽皮的孩子，在山谷中若隐若现。当我们快要走到山脊时，李大爷用手指了指一片长满树莓的灌木丛说："这里就是你们要找的'大转弯'，这前面都是些小树，再往前走一点儿就能看见了。"

我扒开灌木丛，一条屈曲度超过270度的内凹型大河湾横亘在眼前，极尽磅礴之势，大转弯果然名不虚传！苏子河在此宛如一条灵性十足的游龙，自东向西蜿蜒而过，而对面的山坡就像一个绿色的大珍珠蚌，端正地摆放在我眼前这片河谷之中。

我们所在的这个位置正好处在大转弯的中间，视野极佳，朝着逆流的方向看，能望到不远处的古楼村，王杲所建古勒山城的遗址便在那里。朝着顺流的方向看，能望到苏子河流到大伙房水库的入口，此时的大伙房水库那里阴云欲雨，烟波浩渺。我望向对面的河滩，那里是大片的青青草原，再往山腰处看尽是茂密的林木，山、水、草、林之间各自勾勒出四道完美的弧线，层次感十足，我真后悔没有带无人机来，若在此处用无人机航拍，定能拍出绝美的好景致。

我们在此驻足了好一阵子，贪婪地欣赏这难得的美景，我听李大爷说这里河流密布，生态环境非常好。村子里的人靠山吃山，除了种地之外，还经常来这山里挖野菜、采蘑菇、打松塔、捡山核桃，去年有村民还在这山里抓到过一头野猪。这里也叫"蝴蝶谷"，每年开春后，便有成千上万只的蝴蝶在这山间自由飞舞。被日本誉为国蝶的珍稀物种大紫蛱蝶，在日本非常罕见，得益于转湾子村严格的生态保护，大紫蛱蝶在这里几乎随处可见，那大紫蛱蝶并不怕人，我在下山途中就与它来了一次"亲密相撞"。

此处的"大转弯"气势恢宏，在我看来一点儿也不输于国内外其他类似的地方。如果你是一名摄影爱好者，那绝对不能错过这绝佳的拍摄之地。其实相比较于看照片或视频，我更推荐你亲自来看一看，山路好走且不陡，给自己一个亲近大自然、锻炼身体的好机会，就算不会摄影也没关系，因为这世界上最好的镜头就是我们的眼睛。

（四）

"又北经界藩西南入浑河"。

这是书中描述苏子河的最后一句，苏子河在汇入浑河之前，曾经到过一个叫"界藩"的地方。

界藩指的就是界藩城，当年努尔哈赤在沈阳建都之前，曾在建州老营、赫图阿拉城、界藩城、萨尔浒城、辽阳东京城这五处建立过都城，加上沈阳一起被称为"关外六城"。目前除建州老营、界藩城是省级重点文物保护单位外，其他四处都是国家级重点文物保护单位。

我自界藩城开始，顺着时间线详细捋了一遍努尔哈赤迁都的全过程。自1619年3月萨尔浒之战后，努尔哈赤便从赫图阿拉城迁都到了界藩城这里，之后充分利用界藩城的地理优势，出兵攻取了开原、铁岭，合并叶赫部族。一年多以后努尔哈赤迁到了萨尔浒城，又在不到一年的时间里，相继攻取了沈阳、辽阳，取得了极大的军事进展，于1621年3月将都城迁到辽阳东京城，最后在1626年3月迁都沈阳。每次迁都意味着后金越来越强大，虽然界藩城作为都城，仅有一年零四个月的时间，但它却打开西进的胜利之门。

界藩城在大伙房水库旁边的铁背山之上，如今因为地处大伙房水库核心保护区，所以这里少有人至，我们也只能来到离铁背山不远的萨尔浒风景区，计划在这里登高一望铁背山。

萨尔浒风景区原本是萨尔浒之战的主战场，后金与明朝的军队曾在这里厮杀鏖战，一决王朝兴衰更替，时光荏苒，曾经的刀光剑影早已尘封湖底，如今这里绿树成荫，湖水如镜，被家乡人亲切地称为小青岛。这里跟抚顺另外一处月牙岛公园，就像一对温润闪亮的珍珠耳环，一东一西点缀了抚顺的秀美，给家乡平添一种温柔的气质。小青岛丛林茂密，与山水为伴，月牙岛绿树成荫，与浑河相拥，这两个免费开放的地方，每逢节假日吸引着包括沈阳、吉林在内的许多游人到此。

我们偶然在小青岛的秋水长天亭遇到了抚顺市博物馆原馆长肖景全，一番寒暄过后，用手指向远方，告诉我们说："你们看，那里就是界藩城，满语'界藩'译为两河交汇处之意，原来界藩城的山下确有两条河流交汇，只是后来山下成了大伙房水库的淹没区，两条河流都变成了这一湖清水。"我顺着肖老师手指的方向远望，如今的大伙房水库碧波万顷，水天一色，我猜想昔日的界藩城下，定是屋舍俨然，炊烟袅袅，在进入界藩城的各个要道，也一定会有士兵在戍卫，上山下山取送物资的车马往来不绝。

肖老师拾起旁边的木棍，在地上画出一个山的形状，接着说："如果这就是铁背山的话，在山中间的地方，有一条石阶小路，旁边就是当年所立的省级文保碑，顺着这条小路一直向上爬到顶，就到了铁背山的一处山脊，沿着山脊向上的方向走不多远，就会到达一片相对开阔的山顶平地，那就是界藩城的城址。从那里向下看，三面尽被大伙房水库包围，湖光山色，美景尽收眼底，美不胜收！"我虽未到过界藩城，但从肖老师描述的话语中，仿佛站到了界藩城的最高处，俯身看这山湖美景，美妙绝伦。

肖老师用手指了指旁边的砖石，说："你们看到这样的青砖石没有，那界藩城上的青砖咱们抚顺市博物馆里也有，目前都保存得很好，等咱们市博物馆新址建成了，就把这些都放在新馆里展览，到时候你们也去看看，咱们抚顺市的博物馆里当真有不少好东西值得一看！"听完肖老师的话，我更加期待抚顺市博物馆的顺利开馆了。

回家后，我看到了肖老师给我们发来的几张他之前在考古调查时所拍摄的界藩城和萨尔浒城遗址的照片，在照片中依稀可见地基、城墙、屋瓦、青砖，但这些大多都已经被林木青纱所覆盖，昔日辉煌不再，深藏了一段努尔哈赤从赫图阿拉城到沈阳的秘密……

静静的浑河，是一部流动的历史，记录着辽宁人变水患为水利、变污水为净水、变脏乱为美景的艰辛历程，讲述着两岸人民治理浑河、与浑河和谐共生的古老而又现代的故事。看浑河两岸，群山挺起辽东脊梁，河流穿过城市与村庄，水库塘坝灌渠点缀千里沃野，田野飘来稻谷和百花的芬芳，心底生出无限感想，浑河之治之变，呈现出万千气象。

地平天成浑河水

浑河，平时温顺，时而任性。任性时虎啸龙吟，浊浪排空，淹田毁地，冲城伤人，生灵涂炭。史料记载，以前浑河流域水患不断，太子河（北支）十年九灾。即使在市域内六大江河都得到全面治理的当下，也流传着"五年一小灾、十年一大灾"的说法，每到防汛重要节点，仍要全市上下总动员，以万全之策应对万一可能，确保人民生命财产安全。至今，人们对1995年的"7·29"、2005年的"8·13"、2013年的"8·16"洪水带来的自然灾害记忆犹新，从心里往外赞成兴修水利，筑牢防汛抗旱防线，把人民生命财产损失降到最低。

抚顺独特的地理和气候特征决定自身水旱灾害的突发性、反常性和不确定性，决定了防汛抗旱的长期性、复杂性和艰巨性。怎样趋利避害、变水害为水利？在众多治理方式中，抚顺人选择了水库模式。新中国成立前，抚顺没有一座水库，却进行了36年的有益探索与实践。

1952年，新宾人尝试修建夹河北水库，经过上万人两年持续艰苦奋战，终于在1954年春建成并投入使用。这座靠人拉肩扛修建起来的、库容量仅有450万立方米的小一型水库，是辽宁省建成的第一座水库，成为抚顺人的骄傲。

在夹河北水库投入使用3个月后，大伙房水库开始施工建设。1958年，大伙房水库大坝即将合龙的消息极大鼓舞了全市人民修建水库的热情，各县、各乡开始兴建以水库为主导的水利设施，村与村联合起来修水库。当年，全市40多座水库相继开工建设。经过60多年的接力奋斗，全市迄今已建成大中小型水库111座，其中大型水库1座、中型水库7座、小型水库103座。同时，修建塘坝、拦水坝、灌渠500多个，建立起以水库为主导，以闸坝、湿地、灌渠为辅助，以河道、堤坝为连接的水利设施体系。

后楼水库，接纳红河上游和地车沟河两个水流，是全市7座中型水库之一。1958年开工，后经两次续建和多次加固，设计总库容量1463万立方米，调洪库容量为797万立方米，在控制浑河上游水量、满足农业渔业生产、红河峡谷漂流等景区景点用水需求等方面发挥着重要作用。在这里，两代水务工作者向记者介绍，这111座水库总库容量与每年的平均降水量相当，理论上讲一年的地表水都可以存在水库里，想什么时候放就什么时候放，想放多少就放多少，完全可以人为调控。

苍鹭齐飞舞翩跹

湿地，涵养水源、净化水质、清洁空气，被比喻成地球之肾。辽宁大伙房国家湿地公园，是抚顺当前建成的众多湿地公园中最优秀的一个。站在大伙房国家湿地公园瞭望楼上向东看，辽阔平稳的水面，云雾笼罩的群山，一条3公里长的围堰蜿蜒伸向远方，将大伙房水库入库水和大伙房湿地隔成两部分。人行围堰上，两侧是清水，四周为高山，山水人同框，充满"闲上山来看野水，忽于水底见青山"诗情画意。

保护水生态，净化水资源，是当代人的使命责任。生态专家王孔海从参加工作起在林业系统干了30多年，似乎跟水资源保护不搭界，为什么主动去建设湿地公园？王孔海认为，山养土，土养林，草养水，水养山，循环往复，构成生态命运共同体，建设湿地公园，实施山水林田湖草沙一体化治理，是当代林业人的责任和义务，在构建生态友好型社会的舞台上没有旁观者。

当初，建设大伙房湿地公园有三重考量：一符合生态文明建设方向，有政策支持；二能净化居民直排入河的污水，能提升水质；三是恰逢新一轮退耕，用腾出的土地建湿地，确保退耕不反弹。王孔海和他的同事一干就是9年，终于建起一座国家级湿地公园。

这一国家级湿地公园总面积4万亩，栖息苍鹭、黄鸭等水鸟上万只。登上高台看苍鹭齐飞，山水人同框，人与自然和谐共生。候鸟迁徙，也给这里带来了南方植物种子，丰富了湿地植物种类。园内有园，占地600多亩的森林植物园，王孔海领记者走了两个多小时，说了一个多小时。王孔海在一棵长着苔藓的朽木前驻足，把手机镜头推向苔藓，显示屏立刻生动起来，小小苔花清丽可人。他感慨道："苔花如米小，也学牡丹开。这也是对自己、对湿地的期望。"

目前，抚顺建了不少湿地，都一如苔花那般弱小，却像牡丹热情奔放。《抚顺市林业和草原发展"十四五"规划》继续支持大伙房、社河两个国家级湿地公园健康发展，鼓励省级湿地公园如期晋级，激励各县、乡、村和农村经济型组织建设小型湿地，持续推进湿地恢复建设，到"十四五"期末，全市计划湿地保有量1.7万公顷。日前出台的《抚顺市"十四五"水安全保障规划》准备在2021年–2025年，投资264.46亿元，实施"一核六域百湖千源"工程，即以筑牢"辽宁中部水塔"为核心，引领浑河、清河、柴河、柳河、太子河、富尔江流域综合治理，将110多座水库建成安全库和生态湖，建设1500处农村水源地，构建河湖水系连通的山水城市和湖碧水清岸绿的乡村美景，生态赋能转型振兴，让高质量发展的底色更绿更纯。

青山着意化为桥

红雨随心翻作浪，青山着意化为桥。抚顺兴修水利设施，有效利用水资源，每年向下游有计划输送水资源，满足下游城乡工业农业生产用水。近10年来，全市上下聚焦打造辽宁中部城市水塔，制定并实行最严格的水源地保护措施，关闭一切影响水质的企业、矿山和项目。在一级、二级水源保护区内禁止开办家禽畜牧养殖场，积极推进退耕还林、退耕还草工作，实施农村垃圾无害化处理和有效利用，大力减少农业生产带来的面源污染，确保进入大伙房水库的浑河支流水质达到Ⅲ类标准。大伙房水库四周设置围栏，库区内实施生态净化工程，使库内水质各类指标达到Ⅱ类标准，部分水质指标达到Ⅰ类标准，可以直接饮用。浑河城市段加大支流河道污染治理、黑臭水体治理力度，修建雨水、污水分排系统，强化企业污水排放动态监管，提升污水处理厂运行质量，浑河出市断面水质达到四类指标。

良好的生态环境就是最大民生福祉。有一对老夫妻，家住沈阳，每年都来大伙房国家湿地公园，观水质之清浊，看植物之交替，记变化之毫末。一次，偶遇在这里当负责人的王孔海，当他们了解到王孔海和他的工友们为了水生态环境更好所做出的种种努力之后，深深地向他鞠躬，并代表下游普通居民向一切有志于生态环境友好、让大伙房水库水质更纯净的人致敬。

"这一敬意，抚顺人担得起。"盘锦市大洼区东风镇辽河大堤上，南河沿排灌站负责人指着一眼看不到头的稻田对记者说："一到春天，大伙房水库就放水保春耕，沿浑河流到这儿，南河沿排灌站调度给各村屯和用水单位，灌区内的100多万亩稻田从不缺水。上游水质一年比一年好，下游稻米、河蟹产量和质量也一年比一年好。"盘锦市水务局一工作人员补充道："我们的自来水，也是从大伙房水库来的，用专用输水管道，能直接喝。这一鞠躬，也饱含着我们的情意。"

这些年，抚顺人真够拼的，不说上了多少环保设施，治理了多少条河流，建了多少湿地公园和污水处理厂，制定了多少解决农村生活垃圾分类和治理面源污染的措施，想了干了多少以前不敢想没条件干的事，单说清理一、二级水源保护区的产业园区、关闭200多家企业这一件事，就让人服气。发现水资源优势，构建水安全体系，优化水生态环境，不是嘴上说说，真能见到抚顺人的实际行动。

1953年，我国自行规划修建的第二个大型水库——大伙房水库在抚顺破土动工，水库蓄水面积为109平方公里，蓄水量为20多亿立方米；1958年，大伙房水库工程胜利竣工。水库包括拦河坝、输水道、溢洪道三大工程。进入新世纪，大伙房水库又承担起全省生态保障和饮水安全的历史使命。大伙房水源保护区在抚顺市的区域面积达6476.4平方公里，约占全市总面积一半以上。水库形如一颗晶莹剔透的明珠镶嵌在辽东大地上。由于对全省水资源和生态保护上的贡献，大伙房水库被人们亲切地称为"辽宁人民的大水缸"。

大工程

1949年，中华人民共和国刚刚成立，当解放全中国的炮声还没停止，硝烟还未完全散尽，一队勘察、测绘、设计人员，便肩负建设新中国的梦想奔赴辽东大山深处，对浑河、太子河两大流域进行勘测，为东北的经济建设进行超前谋划，为一个工程浩大的水库建设计划奠定了基础。

2022年8月的一天，当抚顺日报社"浑河两岸"采访团队来到大伙房水库采访时，水库工作人员介绍了这个超大型水库的建设、防洪、抗旱和饮水功能。水是人们日常生活的必需品，也是大工业发展不可或缺的动力。我国的农业灌溉、工业用水和生活用水的比例大约是65%、23%和12%，工业用水要高出日常生活用水的一倍。

抚顺和沈阳并非粮食作物主产区，新中国成立初期，百废待兴，一穷二白，为什么要在抚顺浑河上游地区，投入十万人马和规模巨大的财力物力，修建这个超大型水库呢？从一些历史文件上记者很快就找到了相关答案。

国家第一个五年计划，全国156个重点投资项目，抚顺一个城市就占8项，这其中就包括修建大伙房水库。

1953年11月，党中央在批准原燃料部党组报告时明确表示："煤、电、石油工业是国家工业化的先行工业。其发展的快慢直接关联国家所有重要工业和交通事业的发展速度。"

抚顺是当时国内唯一一座同时拥有煤炭、石油、电力工业的城市。1957年3月7日，《人民日报》报道抚顺工业发展时称："两座巨

大的露天矿，现有矿井、井筒延深工程……的新建、改建和扩建，使位于东北工业中心的抚顺煤矿，在第二、第三个五年计划期间，将发挥更大的'先行工业'的作用。"

由党中央亲自定位的"先行工业城市目标"，决定了大伙房水库的主要功能是满足抚顺、沈阳的生活用水及这两个大工业城市的工业生产用水。新中国成立初期，在东北启动新中国工业化进程，是国家"一五"计划批准修建超大型水库——大伙房水库的重要原因。

1949年东北解放后，东北行政委员会即派出勘察队到浑河和太子河中上游进行勘察，1950年开始设计，于1952年提出修建大伙房水库的初步设计方案。国家非常重视这项工程，把它列入第一个五年计划的重点建设项目，确定为浑河流域开发计划的关键性工程。

为了建设好大伙房水库，东北行政委员会水利总局在抚顺成立了浑太水库工程局。1954年4月举行开工典礼，实际上工程于1953年11月就已经开始正式施工了。因为水库大坝坝身覆压在大伙房村原村址上，国家水利部将这座水库定名为大伙房水库。同时，将原浑太水库工程局改为大伙房水库工程局。为了加强建设领导，变更了水库工程局隶属关系，水库工程局由东北行政委员会水利总局领导改为由中央水利部直接领导。

大会战

萨尔浒古战场、玄菟古道上星罗棋布的村庄，都将在大伙房水库建成后，沉入水底，在人们的记忆中逐渐消失。根据设计，库区将淹没耕地10.37万亩土地，莲花村、洼浑木、三家子、小社等20余个村屯，动迁移民3768户25167人、房屋1066间。

水利部从全国抽调数以千计的工程技术人员、管理干部，组成大伙房水库工程局。解放军水利二师机械化五团、治淮委员会所属的五支队和六支队、辽宁省所属的辽宁支队以及抚顺各县抽调的数千民工，组成十万人的建设大军，在昔日萨尔浒大战古战场上，开始了为社会主义建设进行的新会战。

大伙房水库建设是一场大会战，参战者来自四面八方，有解放军水利二师五团官兵，有森林铁路工人，有拖拉机手，有水利院校师生，有自带干粮参加会战的农民兄弟……军民并肩战斗，在高山峡谷间筑起一道能挡住千年一遇洪水的堤坝，充分展示出被组织起来的人民群众创造一切奇迹的洪荒伟力。

施工现场，大连的重型机车拖着沈阳造的翻斗矿车，运行在鞍山生产的钢轨上。北京产的羊足碾、湘潭产的电动机、武汉产的高压水泵……这种大协作精神传承至今，弥足珍贵。

千万吨建设器材从全国各地厂矿运到会战战场：水库溢洪道闸门由治淮委员会工程队安装；大坝冬季施工暖棚由抚顺冶金五处搭筑；鞍山派来勘测队支援勘探；东北煤田第一地质勘探局派来钻探队支援二坝钻探；哈尔滨造船厂派来技术人员指导采砂船操作；长白山和小兴安岭林区派来森林铁路工人协助铺设铁路；热河山区组成建筑队为大坝砌石；武汉、天津等大学把优秀大学毕业生分配到水库工作；商业部门为满足水库建设者生活需要，在工地设立了百货商店、食品门市部、国营食堂，抚顺当地的文艺团体经常到工地慰问演出……大伙房水库之所以在5年内建成，并迅速发挥拦洪、蓄水、灌溉等作用，是与全国"一盘棋"支援大伙房水库建设分不开的。建设者们留给世人的不仅是有形的大坝，还有无形的精神财富。

拦河大坝以千年一遇洪水设计、万年一遇洪水校核，主坝为黏土心墙坝。二坝在浑河南岸山坳里，为防止水库蓄水由山坳流出，建筑结构和主坝相同。输水道位于浑河南岸，压力隧洞全长506米，它的任务是调节水库水位。溢洪道是水利枢纽三大工程之一，位于浑河北岸山腰里，当水库遭遇罕见洪水，大坝受到威胁时，溢洪道即发挥溢泄部分洪水作用，使水库保持正常水位。

1957年4月9日，拦河大坝顺利合龙，达到海拔104米高程，并顺利度过春汛。1958年，大伙房水库竣工，大坝拦截的最高水位达海拔131.5米高程。

大屏障

过去的60多年，大伙房水库宛如一颗"定河明珠"经历了数次特大洪水的考验，不仅保证了抚顺、沈阳等大工业城市的工业和生活用水，还去害兴利，灌溉了浑河两岸的农田，辽河平原粮食主产区主要在浑河和其最大支流太子河流域，水稻产量约占全省水稻总产量的70%以上。

2022年7月末，抚顺日报社"浑河两岸"采访团队在浑河入海口盘锦大米主产区大洼区采访时，当地农业水利灌区管理人员告诉记者："大洼区80余万亩水稻灌溉主要依靠浑河水，对岸营口灌区情况也是如此……"

浑河入海口是闻名全国的盘锦大米主产区，如果加上清原、新宾、沈阳、台安、海城、盘锦、营口等市县的水稻面积，其产量占据全省稻米总产量的一大半。一河流过，两岸稻香。

大伙房水库工作人员在介绍近几十年水患时，特别提到1995年"7·29"和2005年"8·13"两次特大洪水时大伙房水库发挥了巨大作用。

2005年8月12日至14日，浑河流域发生1995年以来最大的洪水。大伙房水库13日19时最大入库流量6040立方米/秒，列1951年有实测记录以来第三位。刚刚完成除险加固任务的大伙房水库，及时关闸蓄洪，几乎将入库洪峰全部拦蓄在水库之内，大大减轻了抚顺、沈阳等城市的防洪压力，为抗洪抢险取得最后胜利立下头功。目前，在大伙房水库上游流域内，共有中小型水库80余座，它们与大伙房水库一起，在辽东山区为全省生态安全、粮食安全构建起一道安全屏障，使浑河流域成为富庶一方旱涝保收的地区。

大生态

在完成防洪、抗旱、灌溉和向抚顺、沈阳两大城市供水等基本任务之后，进入新世纪，令全省人民骄傲的大伙房水库，又承担起新的历史使命。

2002年，大伙房水库输水一期工程开工建设，这条全长85.32公里的输水隧洞和管道，主要是从东部水资源充沛地区向大伙房水库调水，这条管道堪称亚洲水利工程之最，创造多项亚洲和全国纪录。2009年9月，一期工程建设竣工通水。

2006年，纵跨辽宁省中南部的大伙房水库二期输水工程启动，这条全长260公里的输水隧洞管线，是将一期工程调入大伙房水库的水，通过科学调节、分配，输送到抚顺、沈阳、辽阳、鞍山、营口、盘锦6个城市，并通过鞍山加压站向沿海城市大连市供水，每年可以向下游受水城市输送11.66亿立方米优质水源，惠及全省7个地级市2300万人口。这是目前国内管道输水距离最长、输水量最大、供水方式最复杂的工程。

与此同时，抚顺和辽东山区的生态安全观念，从上至下发生巨大改变。

2011年，国家将大伙房水源保护区列为全国首批江河湖泊生态环境保护8个试点之一；2013年底，国家再次将大伙房水源保护区确定为全国首批重点支持的15个江河湖泊生态环境保护试点之一。

2014年，辽宁省出台了《辽宁省大伙房水库水源保护管理条例》，这个里程碑式的省级立法，进一步扩大水源保护区范围，保护区面积扩大到8500平方公里，并对库区及一级、二级、三级水源保护区提出不同程度的保护规定。新条例则严禁在一级水源保护区内从事旅游项目、网箱养殖等一切与保护水质无关的活动。

历来"水养鱼"，今日"鱼养水"。

水养鱼，天经地义；鱼养水，你听说过吗？在大伙房水库，几百万尾鱼在不同的水面、不同的水层，吞食着浮游生物，当起了义务净水员。

王志民，在浑河边上长大，从参加工作起就没离开过水库养殖场，现任辽宁省大伙房渔业有限责任公司总经理。他介绍，2012年以前，渔业生产是头等大事，利用网箱养鱼，人工投料方式，提高鱼类产量，年产300多万公斤鱼，人工养鱼伤水。

2012年，养殖场拆了全部网箱，16条渔船改装为清漂船，鱼类放养，不再投饵料，藻类植物减少，生态养鱼见成效。

辽宁省大伙房水库管理局有限责任公司负责水质检验的工作人员介绍，大伙房水库水质绝大部分指标达到Ⅱ类水质，少数指标达到Ⅰ类水质。记者无意夸大生态养鱼在净化水质方面的作用，但其为净化水质提供了一条正确的路径，值得推广。

大奉献

大伙房水库生态保护控制流域面积5437平方公里，严肃的立法、严格的保护规定、严厉的保护措施，涉及抚顺三县和东洲区等经济比较发达地区，意味着抚顺必须用自己的牺牲和奉献，换取全省生态安全的长治久安。以老工业基地奉献精神著称的抚顺，再一次站在生态革命的最前沿，为辽宁和浑河流域的生态发展奉献一腔热血。

浑河流域内数百家环保不达标企业被关闭、转移、搬迁。抚顺全市通过环大伙房水库周边截污、搬迁关闭、矿山整治和河道治理等举措，实现了从"环库周边开发"向"搬迁退耕还草"转变、从"库区环境整治"向"流域生态治理"转变、从单纯"污染排放防治"向"环境风险防控"转变的"三个转变"。

10余年来，大伙房饮用水水源地一级保护区开始实施退耕还草政策，并对3万亩土地实施退耕还草，对284户村民进行生态移民搬迁。对一级保护区内的15家畜禽养殖户进行搬迁和补偿。

目前，大伙房水源保护区生态环境和人居环境明显改善，林木蓄积量增加，水源涵养能力明显提升，生物多样性改善明显。最新水质监测数据显示，大伙房水库水质稳定保持国家Ⅱ类标准，水质达标率为100%，水质状况为优级。抚顺大伙房饮用水水源成功入选2021年全国"美丽河湖"优秀案例。

大伙房水库已经成为全省生态安全和辽东绿色经济区建设的重中之重，它不仅是抚顺、沈阳、鞍山、辽阳、营口、盘锦、大连7个地级市2300万人口的"用水之源"，还将在未来全省绿色生态发展中扮演重要角色。

大伙房水库宛如浑河桂冠上一颗熠熠发光的明珠，正在为全省公共饮用水安全和地区生态发展做出无法替代的巨大贡献。

水库背后的科技密码

大伙房水库第三次除险加固时，技术人员检测黏土心强度，一镐下去一个白点。经过60年"逆成长"，黏土已然岩化。现年92岁的汤士安，曾任辽宁省大伙房水库管理局工会主席。2022年9月3日，汤老在寓所向记者解释这一现象级问题时说："严谨的科学态度，先进的施工技术，是水库结实的根本。"

大伙房水库是新中国在北方修建的第一座大型水利枢纽工程，也是"一五"重点项目之一。大伙房水库大坝采用黏土心墙技术筑坝。一些人发现，北段截水槽内填筑黏土碾压后，呈现"橡皮"状态，压实密度达不到设计标准。停工，一停就是13个月。干不好，不如不干。上下同心抓质量，施工抽样18万个，合格率超过99.9％。

大伙房水库施工现场像一场水利机械展览会，有汽车、马车、推车，还有小火车和独轮车，从原始的农具到工程机械，应有尽有。机械大多集中在筑坝的位置，从矿山调来的小火车发挥了大作用。

冬季怎样解决冻土和黏土心墙结冻问题？建设者土法操作，建了2.4万平方米的暖棚，罩住怕冻的地方，加快了工程进度。他们独创孔隙压力计算方法沿用至今，他们用采沙船就地取沙节约了建设成本，他们自制机械夯板代替羊足碾提高了工作效率和质量。

东方水城：抚顺新名片

驻足浑河两岸，探寻人文地理，梳理浑河文明，发现文化之根、城市之魂、动力之源，增强文化自信、历史自信、发展自信，为全市高质量发展"文化赋能""生态赋能"。从这个意义上讲，浑河畅想，就是畅想一座城市的未来。

一条大河，两岸人家，三县四区。特有的城市空间，为规划布局未来提供无限遐想。赓续"东方布达佩斯"之梦，用活水资源，做足水文章，让小桥流水、鸟语花香回归城市，已经成为蕴藏在心里的力量，"东方水城"呼之欲出。

一河绕城郭

相传先民在建城时，首先要打一眼井，再围着井建民居商铺，于是有了市场、有了居民区、有了城、有了市。市井百态，就是百姓的普通生活。可见，在城市规划中，水是灵魂，是第一要素。

抚顺，是浑河发源地，是浑河流经的第一座城市，浑河城区段汇合17条支流，把这座狭长的城市分为南北两岸，丰富的水系像血管一样又把整个城市紧紧连在一起。这样的城市，在全国并不多见。

如何利用这种优势规划建设城市，便成了几代人的梦。多瑙河畔的布达佩斯城景色宜人，抚顺也有一条河，为什么不能把这里变成东方的布达佩斯？

1983年，《抚顺市总体规划报告》出炉，第一次运用城市水利、环境水利概念，勾勒出东方布达佩斯的样子，使之成为可实践、可实现的梦，成为一个清醒的、清晰的梦。按照这个规划，开始整治浑河城市段，先是整治河道，清除采砂机械、树木和树丛，将河道收窄至394米，并按这一宽度将河道取直7.2公里，南岸筑路，北岸筑堤，在新华桥和永安桥之间建喷水设施。1993年，浑河城市段治理工作取得阶段性成果，抚顺日报社老新闻人邵斌敏锐地意识到这是一次改变城市格局、提升城市形象的大动作，欣然命笔写下报告文学《东方布达佩斯之梦》，发表在《辽宁日报》和《抚顺日报》上，广为流传。这一醒着的梦开始走进人心、走向未来。

筑梦两岸边

当城东新区的开发建设渐入佳境的时候，越来越多的居民有了购买河景房的愿望，有了休闲娱乐健身的需求，有了亲近母亲河、戏水乐水的想法，怎么办？打造浑河景观带、修建十里滨水公园的决策应运而生。

在浑河北岸防洪堤坝上建起的十里滨水公园，东起天湖桥、西至葛布桥，全长10.9公里。十里公园十里景，春夏秋冬各不同；十里公园十里人，男女老少齐上阵；十里公园十里情，一脉相随故乡情。记者经常去十里滨水公园，或独处，或与人聊天，或加入健步走队伍，随心所欲，随遇而安，倒也是恬淡自在。无论什么季节，无论早、中、晚，记者都能在这里看到不同的人，每个人都在做自己想做乐意做的事，只有你想不到的表情包，没有你看不到的小视频，是滨水公园最美的风景。近10年时间，十里滨水公园成为当地居民离不开的地方，成为全市居民利用率最高的公园，成为展示抚顺城市形象的一个窗口，成为人们亲近浑河表达情感的文化符号。

曾经，工业化、城市化过程中给浑河带来不同程度的污染，其中在浑河城市段17条支流内，有4条支流水质被检定为劣 V 类，被国家环保督导组列为2018年重点整改项目。市生态环境局副局长耿延军介绍，全市上下全面落实国家环保督导组整改意见，先后投入资金10多亿元，建设雨水和生活污水分别排放设施，使长期困扰的难题在短时间内得以解决；新建和改造污水处理厂7座，并保证常态化运行，强化企业生产污水即时监控和动态管理，实现源头治理；综合治理17条支流河，重点整治污染较重的4条河流，让所有支流河水清岸绿美起来。2019年起，浑河城市各支流河都得到有效治理，浑河干流出市断面水质达到 IV 类标准，部分指标达到 III 类标准，在全省水质检测排名中连年位列前三。

百川入画图

2022年初，市委、市政府把建设"东方水城"写在工作报告里，这是对民意的真诚表达，更是对新时代的庄严承诺。9月初，抚顺市规划勘测设计研究院有限公司联合国内3家顶级规划设计团队拿出了《滨水新区概念规划》征求意见稿。滴水难入海，百川入画来。东方水城以露天矿、采沉区为载体，以浑河景观带为轴线，以17条支流河为廊道，以大伙房水库为水系核心，以散布在河流和城市公园中的小型湖泊、水库为支点，形成"一带多廊，一核多湖"空间格局。滨水新区，是东方水城的先行区，从颐城街向东推进，南到浑河，北至沈吉铁路，重点激活城东三期、四期及东部地区，涉及顺城、东洲、新抚3个城区。

这一规划将滨水新区定位为抚顺建设东方水城先行区、沈阳现代化都市圈内的高品质公共服务示范区、辽东绿色经济区内的康养产业承载区，切实把东方水城打造成展示城市活力、城市品质、城市形象的新名片。这一规划突出"三区两带"空间布局，即城东三期为主体的品质城市建设区、城东四期为主体的山水农林生态区、大伙房水库坝前为主体的智慧康养产业区和浑河两岸生态景观带、高铁两侧城市风貌展示带。

这一规划预留了许多"气眼"。抚顺市规划勘测设计研究院有限公司董事长韩冬介绍，规划对规划区域内现有水系进行改造，使水面由现在的543.34公顷增加至593.43公顷，引水进小区，让整个区域灵动起来。规划将十里滨水公园东延至城东三期，划出亲水休闲带、婚庆外景地、创意产业园、丛林游乐探险和未来驿站游戏区，在城东四期建设160公顷的森林公园，120公顷的水文化主题公园，65公顷的农业公园，35公顷的啤酒小镇，让城市边缘生态游憩系统更完备。在城东三期、四期开通13公里云轨和7公里水上航路。住低密度住宅，乘游艇看风景，喝地产啤酒，品人间烟火气，这就是滨水新区的"气眼"。

逆流而上来

2022年7月30日，记者登上沈阳浑河航运公司运营的"浑河1号"游船，公司办公室主任英春晖客串导游："2007年，市里把浑河高坎至奥体中心段32公里水域、12座码头交给浑河航运，以满足群众亲水、乐水的要求。公司策划推出'浑河夜航'项目，航行量程30公里，用时40分钟，联合社会资本着重建设河心岛，亮化两岸地标性建筑，浑河大桥天际线、盛京大剧院建筑群，一幅幅画卷走向你，船动景动，光变景变，一样的美景，给你不一样的体验。”

　　沈抚航运自古就有，明清两朝尤为鼎盛。2007年，沈阳夜航项目启动至今，丰水期乘游船看浑河的游客排成长队，有时一票难求。抚顺着力打造"东方水城"，即将出台的《滨水新区概念规划》设想着游人乘船看岸边风光。只要相向而行，沈抚通航不是梦。

　　也许用不了多长时间，我们会在滨水新区见到乘船逆流而上的你，用小桥流水、鸟语花香、天籁之音欢迎尔，用好山、好水、好空气款待你，用不一样的体验回馈你。你也可以把这些话当成"东方水城"从未来发给你的邀请。

月牙岛生态公园

月牙岛生态公园，是全市城区最美生态岛屿公园。

月牙岛生态公园建在浑河干流与支流古城子河冲击成的河心岛上，东西最长处3400米，南北最宽处540米，面积136万平方米，因其状如月牙而得名。

十里滨水公园，东起天湖桥、西至葛布桥，建于浑河城区段北岸，全长10.9公里。十里公园十里景、十里公园十里人、十里公园十里情，十里滨水公园是市民利用率最高的公园，也是抚顺展示城市形象的一个窗口，更是人们亲近浑河表达情感的文化符号。

十里滨水公园

1953年，大伙房水库工程在抚顺破土动工，水库蓄水面积为109平方公里，蓄水量为20多亿立方米。

十万人组成的建设大军，在昔日萨尔浒大战古战场上，开始了建设大伙房水库的新会战。

1958年8月5日，大伙房水库举行竣工典礼，历时5年时间建设的大伙房水库在竣工后，大坝拦截的最高水位将达海拔131.5米高程。

每年可以向下游受水城市输送11.66亿立方米优质水源，惠及全省七市2300万人口，是目前国内管道输水距离最长、输水量最大、供水方式最复杂的工程。

2013年底，国家再次将大伙房水源保护区确定为全国首批重点支持的15个江河湖泊生态环境保护试点之一。

浑河源 ▶

沿浑河溯源而上，在长白山支脉滚马岭西麓地车沟密林深处就会看到一股清泉，一年四季不结冰，由涓涓细流汇聚成辽宁人的母亲河，2002年建成浑河源森林公园。这是一处带有北方地域特征和山水特点、具有地理标志性质的省级森林公园和文化符号。

浑河源森林公园规划面积8600多公顷，建有浑河源头景点、森林植物科普走廊、后楼（水库）水上乐园，在建和推进项目有聚隆滑雪场、皇家狩猎场。浑河源森林公园与下游红河峡谷漂流等10多个景区景点组成旅游精品线路，前景可期。

大伙房水库 ◀

大转弯 ▶

从抚顺市区出发，驱车50余公里到达新宾满族自治县南杂木镇转湾子村，苏子河在这里形成一个天然大转弯，呈现出世界性U形谷自然景观。转湾子山上有成片的野刺玫和白头翁，极目远眺，苏子河从东向西蜿蜒环抱碧绿的半岛，蜿蜒远去，远处碧水蓝天相接，澄澈、宁静，是《中国国家地理》推崇的生态多样化之地。"分不清最圣洁的水是在山间还是在天上"，有人这样描述与大转弯初见时的怦然心动。

长度：河流长度495.4公里。受以前勘测技术限制，原先公布的浑河长度为415公里。

流域：2.5万平方公里。

水量：地表水径流50亿-70亿立方米。

水质：大伙房水库水质均达到Ⅱ类以上标准，部分指标达到Ⅰ类水质。沈抚交界处浑河断面水质达到Ⅳ类标准，可用于工业农业生产。

抚顺境内河流众多，流域在10万平方公里以上的河流达324条，今且介绍6条较大河流。

苏子河发源于新宾满族自治县红升乡五凤楼北谷，流经新宾、抚顺县、东洲区，在铁背山汇入大伙房水库，全长148.4公里，是浑河最大的支流。

上游称马根单河、马郡郸河，满族称玛哈丹河，原出抚顺县救兵乡高家店村南木笼沟村，经东洲西北入浑河，全长58.5公里。

古称义尔登河，又称塔峪河，源自抚顺县的吴家堡村南高台岭，过抚顺县石文镇、望花区塔峪镇，望花大桥北入浑河，全长33.4公里。

概况

英额河

又名英莪河，俗称浑河，发源于英额门镇桦树哨，在清原镇中寨村与浑河源头下来的红河交汇，开始叫浑河。

苏子河

社河

俗名温度河、温道河，满语称赫图河，源于抚顺县后安镇新开岭西侧，经台沟村入大伙房水库，全长54公里。

东洲河

章党河

源出铁岭县横道河子满族乡东三岔子村鲶鱼沟王疙瘩岭，经东洲区入浑河，抚顺段长40.4公里。

古城子河

浑河档案

举头红日近
回首白云低

浑河两岸

第二篇

在早期人类发展中，河流为人类提供重要的水源及其他生存资源，同时也是人类活动的重要通道。有了水源、通道，人类的交流范围才可能逐渐扩大，而广泛的交流，又加速了人类社会的发展与进步。不仅如此，河流山川也是不同族群间的生存屏障和地理界线，由此催生出不同文化和迥异的民风民俗、地域性格、群体气质等。因此，山川地貌是一个地区历史、文化乃至经济社会发展的底层塑造者。

那道如巨龙般蜿蜒在抚顺东部的山岗叫龙岗山脉，浑河、清河、柴河、柳河、苏子河、社河、富尔江、太子河等众多对辽宁产生影响的河流皆发源于此。

山是水之源，水为山之魄。影响北方和辽宁数千年历史的辽山辽水，就是辽东文明的根源魂魄。

2020年，抚顺文化学者卢然在《中国地名》杂志发表《辽东地名源于沼泽考》等系列文章，提出"大潦说"。他认为，"潦"是中原人对下辽河平原湖泊、沼泽、河流综合性地貌的总称，即隋唐时期所指的"辽泽"。汉代后，"潦"逐渐演变成"遼"（辽），"辽水"之名也缘于此，即入辽（潦）之水，古人无法分辨"大辽水""小辽水"谁为主流，因此产生"辽水""大辽水""小辽水"之名在浑河、辽河之间反复互换现象。汉代随着"大潦"逐渐消退，人们对东北山川地貌有了更多了解，"辽水""小辽水"身份才最终固定下来。

这一学术观点发表以后，在辽宁社科界和东北史学界产生反响。许多学者和史学家重新修正"辽东，辽河之东""辽水，指辽河"的传统认识。"大潦说"的提出，为进一步研究东北地理、历史、文化打开了新视野。

那么，流出辽水的辽山在那里？既然古人称浑河为"辽水"，那么，浑河发源地滚马岭当为"辽山"。然而，有资料显示，明代以前人们将浑河重要支流苏子河作为浑河正源。"浑河两岸"报道组记者实地考察后发现，《水经·小潦水》所记的"玄菟高句丽县，有潦山，小潦

水所出"在苏子河畔得到准确印证。新宾满族自治县永陵镇苏子河与二道河交汇处台地上确有玄菟郡、高句丽县两城重叠遗址，是全国重点文物保护单位。

也就是说，古代名川"辽山辽水"就在抚顺新宾，龙岗山脉主峰岗山就是辽山，辽水即今天的浑河。

据地质学家考证，第四纪冰期后期，发生规模很大的"盘山海浸"。距今大约6000年时，渤海辽东湾海面上升到最高点。当时的辽东湾东岸，在今天辽宁盖州、大石桥、海城一线，渤海与下辽河流域中新生代沉降盆地上的沼泽、湖泊、河流连成一片，形成约30000余平方公里的巨大鸿沟，这就是"大辽"。

汉代的玄菟郡、唐朝的安东都护府、辽代的贵德州、后金都城赫图阿拉、明清时期的抚顺关城等，历朝历代之所以把层级较高的地方治理机构设置在抚顺和浑河流域，都与辽山辽水的特殊山川地貌有关。

以辽山（岗山）为中心交汇点，浑河与浑江两大流域在岗山脚下汇合，东南沿富尔江到浑江再到鸭绿江，可直达长白山麓、朝鲜半岛和西太平洋海岸；西北沿浑河到辽河，可直抵辽宁腹地，连通河北、河南及中原。

正是这条历史性大通道的存在，造就了抚顺这个独特的城市，古代城市和现代城市塑造，浑河是主要参与和构建者，沈阳、抚顺、辽阳、本溪、营口、盘锦等城市的建立都与浑河变迁有关。

在东北宏大的历史框架下审视浑河，我们发现，以龙岗山脉为源，浑河几乎参与了整个辽宁省的地理样貌、历史文脉的初始构建。没有辽山就不会有辽水，更不会有辽宁中东部城市群。

近现代，辽河改道盘山从盘锦市入海，浑河成为一条独立的水系。辽宁东部山区修建大量水库之后，"大辽"两岸诸多城市，沈阳、抚顺、盘锦有了更大的发展空间……诸如此类的现代城市塑造，追根溯源都与辽山辽水和现在的浑河有关。

问脉辽山，因为它为抚顺和辽宁的文化寻根，提供了历史和现实依据，只有准确定位辽山辽水，才能确定浑河在辽宁发展中的特殊位置。

辽山辽水在东北亚区域发展史上极为重要，这条流域丰厚的土壤和物产资源，因河道而形成的城市和交通，为人们创造出得天独厚的发展条件。作为东北少数民族和中原文化大融合前沿，浑河所孕育出的文明在整个中华民族发展史上极为重要。重新审视浑河，聚焦定位辽山辽水，会让人们知道，我们从哪里来，要到哪里去，为浑河的保护、建设和生态可持续发展提供源源不断的动力。

好山好水，是大自然对抚顺的馈赠；绿色生态，是抚顺一大财富、一大优势、一大品牌。这，有赖于抚顺人民上下齐心、久久为功地守护；这，是抚顺人民留给后代子孙的看得见的山、望得见的水、留得住的乡愁。

比　较

从世界地图上一眼看去，会发现在西双版纳同一纬度上的其他地区大都是茫茫一片荒无人烟的沙漠或戈壁，西双版纳像块镶嵌在皇冠上的绿宝石，格外耀眼。在这块奇异的土地上，居住着傣族、哈尼族等13个少数民族，积淀了丰富的历史文化和特有的风土人情。

辽东山区与西双版纳有诸多相似，却又各有特点。在植物多样性、动物存量、水资源总量上看，辽东山区略逊一筹，但在生态保护和生态文明建设等方面，抚顺或处于领先位置。两地森林覆盖率差别不大，但是两地的起点不一样。新中国成立前，抚顺森林遭受毁灭性砍伐，森林覆盖率仅有31%，1985年达到51%，相当于西双版纳在1997年时的水平，展示出抚顺人修复生态的能力。抚顺地表水资源总量仅为西双版纳的10%，灌溉农田总量是西双版纳的2.5倍。大伙房水库库容相当于西双版纳140多座中小水库总库容的90%。

历史文化方面，辽东山区和西双版纳都是民族杂居区，各民族在碰撞中融合、在融合中发展，积淀下深厚的文化底蕴。抚顺作为汉代重镇、明朝边陲、满族故里，留有大量文化遗存。高尔山因地势雄

险、地处要冲，历史上为各个朝代军事斗争与文化交融的前沿地带；作为"关外三陵"之首的永陵于2004年列入世界文化遗产名录；辽东郡、玄菟郡、"绿色长城"柳条边及在抚顺的两个边门，倘若加以修复，也会成为旅游新亮点；新宾满族剪纸、抚顺地秧歌等被列为国家级非物质文化遗产。一大批非物质文化遗产传承人至今保持着旺盛的创作激情。

从气候上看，辽东山区四季分明，有着西双版纳没有的漫长冬季。地形、地貌、植被都具有鲜明的北方特色，有西双版纳看不到的风景和旅游体验。一入深秋，天高云淡，水流清澈，层林尽染，五角枫、拧劲树、火炬树都亮出红色的旗帜，向无数游人招手。走进冬季，浑河冰封，山野积雪，在楼下堆雪人，去野外滑冰滑雪，别有一番景象。这万千气象是西双版纳没有的，也是抚顺魅力所在、希望所在。

把抚顺放到更广泛的地区进行比较，在比较中认清自己，看到希望和未来，确定方向和目标，在比较中发现差距和优势，在缩小差距和彰显优势中，增强自信，实现自我超越，不负辽东好山好水好空气。

蓄 势

对标西双版纳生态文明建设实践，检索抚顺历史文化、生态资源实际，"浑河两岸"的受访者认为当前要增强文化、生态资源的感知能力、整合能力、变现能力，先为文化蓄能、生态蓄能，拥有高能文化、高能生态，才能为抚顺高质量发展文化赋能、生态赋能。

在辽东山区，生态资源和文化遗存是散在的，单体看都不错，整体看缺乏竞争力，造成这一结果的直接原因就是文化、生态资源整合能力不强。怎样提升文化、生态资源整合能力？清原满族自治县红透山镇的做法值得借鉴。2020年，美丽乡村专项资金拨到镇里，是像以前那样平均分配到10多个行政村，还是把有限资金用在一个村，让这个村彻底变样？大家选择了后者，把集中发力点放在六家子村。六家子村离镇政府20多公里，三面环山，一面临河，水泥村路断裂几处，居民柴垛乱堆乱放……全面治理光靠美丽乡村专项资金也不够，怎么办？镇政府包装项目向上申请，把村头的那条河挖深、拓宽，用漫水坝分成三段，每段做成一个蓄水的方塘，两岸以近百棵老树为基准栽树护坡；用财政"一事一议"资金修旧路，建新路，两条路在村头交会，在交会处建一座凉亭，道路两侧种草种花；用美丽乡村建设资金修了围墙、建了柴火堆放场。100多天，六家子村人居环境大变样，村民过上了让人羡慕的生活。

良好的生态环境是最普惠的民生福祉，怎样才能提升好山好水好空气的变现能力，让绿水青山、冰天雪地真正成为金山银山？抚顺曾经做过多方面的尝试，在以"生态＋产业"方面取得重大突破，正在其他领域寻找突破口。抚顺市林业服务中心副主任王孔海介绍，我国首批林业碳票已在福建三明市将乐县交易成功。林业碳票交易就是用生态公益林折算成碳减排量，然后在国家的平台上进行交易。抚顺也在推进这项工作，经第三方机构测算，按现行市场价格，全市现有生态公益林折算成碳减排量，可获得165亿元的收益。

赋　能

环境就是民生，青山就是美丽，蓝天也是幸福。抚顺市生态环境局副局长耿延军介绍，党的十八大以来，抚顺以前所未有的决心和力度推进生态文明建设，集中力量攻克群众身边的突出生态环境问题，显著增进了民生福祉。坚决打赢蓝天保卫战，下大力气治理水环境污染，多措并举推动农村环境整治，取得重大成果。大气优良天数由2015年的268天增加到2021年底的315天，2022年前8个月的优良天数比2021年同期增加18天。全市设立PM2.5监测点20个。近10年来，抚顺人自觉践行"两山"理论，大力实施植树造林、封山育林、退耕还林、山水林田湖草沙综合治理，森林覆盖率年年递增，截至2021年底，清原、新宾两县均超过72%。2013年，抚顺市获评全国森林城市。2017年起，清原、新宾连年获评"全国深呼吸县"。这10年，人民群众生态环境获得感、幸福感、安全感不断提升。

抚顺市坚持生态惠民、生态利民、生态为民，把优美的生态环境作为一项基本公共服务，把解决突出生态环境问题作为民生优先领域，让群众持续感受到变化、不断增强信心。抚顺有自己的定位，辽东也有自己的属性。让绿水青山、冰天雪地成为惠及民生的金山银山，是一个时代命题，更是一段艰难旅程。10年来，抚顺人立足生态产业化、产业生态化，进行了有益尝试。20世纪90年代，清原英额门镇引导村民从事平地种植龙胆草试验，引导农民告别传统种植方式。这种引药下山的方式，以最小的生态代价，获得最大的经济效益，成为深受群众喜爱的致富渠道。镇宣传委员杜鹃介绍，进入新千年之后，清原满族自治县英额门镇实施"北药南移"策略，极大地调动了农民积极性，龙胆草产量达到全国总供给量的80%。2017年被省中药材协会命名为"龙胆之乡"，接着获评全国产业强镇，也为抚顺由生态大市向生态强市转变提供了实践经验。

在实践中，抚顺人因地制宜实施"生态+旅游"，让更多人吃上生态旅游饭；把具有地理标志的清河大米、后安黑木耳等特产行销全国，萝卜坎香瓜、邓尔草莓成为城市居民采摘首选，"生态+特色农业"跃上新台阶；食用菌、山野菜产销量居全省第二，"生态+林下经济"引领农民致富；英额门镇、永陵镇凭借中药材种植跻身全国产业强镇，新宾秘参堂运用非遗技术炮制的人参即食片成为网红产品，"生态+健康产业"健康成长；清原抽水蓄能电站、清原40兆瓦生物质热电联产项目等清洁能源产业方兴未艾，"生态+能源"为绿色发展壮行。"生态+N"加出辽东山水新内涵，加出产业结构新格局，跑出确保"生态安全""能源安全"加速度。

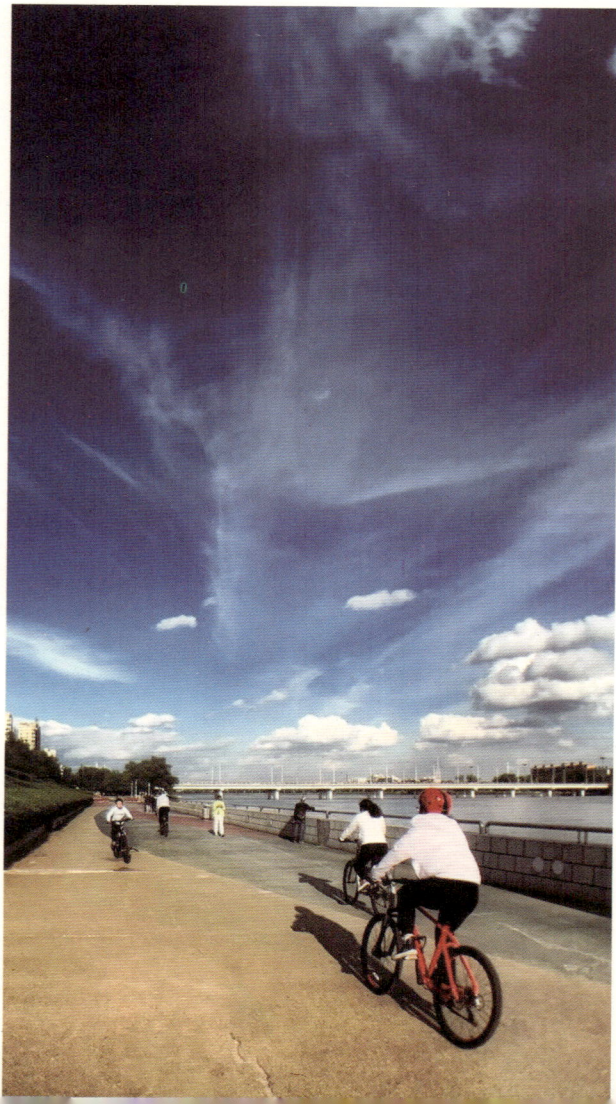

辽宁地势大致为自北向南，自东西两侧向中部倾斜，呈马蹄形向渤海倾斜，东部隆起部分恰似钉在马蹄上的马掌，抚顺境内的山脉丘陵组团无疑是马掌中最高最厚实的那部分。记者走进抚顺东部山区，登上辽宁省最高的岗山、"最神秘"的启运山、"最有故事"的猴石和三块石、展示植物多样性的老秃顶子山、极具旅游价值的天女山，融入自然怀抱，对话古树苔藓、空山流泉，拜访专家学者、乡村贤达，感知辽东生态筋脉，破解辽东生态密码。

共　生

行走于辽东山区、浑河两岸，在历史遗存、神话传说、风土人情、古树巨石中，记者去感知先民崇拜自然、师法自然的朴素情感。一般的村落都有一两棵上年岁的老树，在先民看来，这些老树承载着村民的一种美好寄托。

抚顺是多民族杂居地区，满族曾经长期处于主导地位，了解满族节日、习俗、文化传承，对破解辽东生态密码有益。一直研究满族文化的清原满族自治县满族联谊会副会长张颖介绍，满族先民以自然为神，敬畏山水树木、花鸟鱼虫，并把这种敬畏融入生活，上升到文化层面。张颖以开山节为例加以说明：开山节当天，男女老少聚集在大山下，敬山神、拜土地和药王，祈求他们打开山门、恩赐宝贝。青壮

天地万物皆友朋

男子扮成猛兽家禽或名贵药材集体联欢，预祝进山探宝满载而归。2016年国庆节前，新宾满族自治县曾在猴石国家森林公园举办过开山节，山门之内，场面宏大、表演复古、细节生动，游客万人，观看山景、采购山货、拍照留念。文化赋能生态，溢出效应显现。

满族习俗大都与自然生态有关。抚顺作家程奎介绍，抚顺各民族文化深度融合，许多节日和习俗搅在一块，分不开、理不清，都是中华民族的共同财富。满族人也过春节、元宵节、端午节和中秋节，只是在其中注入了本民族特色。同时也保留着颁金节、添仓节、虫王节这样的传统节日，还保持着不食狗肉，把海冬青、喜鹊、乌鸦当朋友的习俗。满族人院子里都有一根索伦杆子，临近顶部放一斗槽，放了肉食，供喜鹊、乌鸦享用。这种敬天地万物，与狗、乌鸦为朋友的态度，透露出的是人与社会共生的朴素观念，放在当下就是追求"人与自然协调发展"。

留　余

居住在抚顺大地上的先民擅长狩猎，他们通常狩猎时会留下处在孕期和哺乳期的雌性动物，以保持食物链稳定供给，绝不为眼前利益牺牲长远利益。本地习俗就这样在"破"与"立"中走向成熟。

这一习俗观念影响深远。记者的母亲一生都居住在北方，是一位只有高小文化的普通妇女。在物资短缺年代，她在做饭时，常常抓回一把米放在另外一个容器，两三天之后，那个容器里米就够做一顿饭了。她告诉记者，这是老辈人传下来的勤俭持家的方法，一顿饭一大家子人少吃一把料都饿不着，一年下来能省出好几天的口粮，人这一辈子吃不穷、穿不穷，算计不到受大穷。

辽宁省大伙房渔业有限责任公司总经理王志民对记者说："我们捕鱼时不下'绝户网'，不做大鱼小鱼一网打尽的事。不仅如此，我们每年还往水库投放价值200多万元的鱼苗，以保持鱼与水的相对平衡，为的是'鱼养水'，为的是可持续发展。"

传统文化把这种生存艺术称为"留余"。这种生产生活"留余"和书法绘画"留白"一样，是普通人的生存艺术。但存方寸地，留与子孙耕，更是现代生态文明建设的重要内容。有了这样的文化底色、这样的文化传承，抚顺人在生态文明建设、绿色发展的道路上走得更远。

走　起

生态兴则文明兴。1989年，刘春生签下新宾满族自治县第一份荒山治理承包合同，随后跟爱人一同进了北四平乡宝汤村样子沟。两人拿出多年的积蓄一起种树、种山参，放养林蛙……30多年过去，他和家人造林千亩，把一个秃山沟变成溪水清澈、林木茂盛的生态沟。辛苦耕作10多年，刘春生有了点家底，决定自建生态碑林，用这种方式去呼唤更多人植绿、护绿。他先期拿出3万元，买了100块大理石，在仅有9平方米的简易棚内刻出了第一块石碑，而今已经刻出石碑800块，碑林已初具规模。他的目标是3000块，打算给后人留下两份礼物，一份是绿水青山样子沟，一份是大理石上的生态林。2022年6月5日，世界环境日当天，71岁的刘春生获评2022年全国百名最美生态环境志愿者。

国庆节前，清原南山城镇朝鲜族村党支部书记梁君带领合作社成员正在起药材。他告诉记者，今年市场行情好，每户分红15万元左右。17年前，梁君看到野生道地药材越挖越少，市场需求越来越大，便尝试人工栽培，并且试种成功，率先过上了小康生活。梁君说："人工栽培为大山休养生息创造了条件，有利于培育生态物种多样性，还让更多村民过上了小康生活。"在梁君看来，转变传统的生产方式，是对生态环境的最大保护。在辽东山区，像梁君这样掌握生态密码、依托生态资源、保护生态资源，发展生态农业的人并不少，规模比他大、效益比他好的，也不少。正是有了众多像梁君这样的村党支部书记、致富带头人，辽东山区生态产业化、产业生态化的步子才能行稳致远。

城市，是生态文明建设、绿色发展的又一个战场。在城市南部以推进西露天矿综合治理与整合利用工作、打造国家级矿山治理利用示范样板为主题的生态战役已经打响，西露天矿"由采转治"，成功入围全国首批山水林田湖草沙一体化保护和修复工程项目，连续4年制定并实施年度专项行动计划，栽植各类树木234万余株，实现绿化面积232.8万平方米。昔日寸草不生、风沙飞扬的矿山、舍场，如今渐进变成绿树成荫、鸟语花香的工业园区和绿色花园。

在城市西部，以抚顺新钢铁为头部企业，地企融合发展渐入佳境。抚顺新钢铁坚持绿色发展，一步步实现环保达标、节能减排，正在向零排放进军。抚顺新钢铁利用生产余热为望花区、沈抚改革创新示范区供暖，供暖面积由最初的200多万平方米，增加至2021年的800万平方米，2022年供暖季有望突破1000万平方米。抚顺新钢铁利用自产钢渣、水渣等工业废弃物整合利用煤矸石、污水处理厂污泥制作新型建材的科研工作已经取得突破性进展，地企融合发展建设装配式房屋组件加工园区已经实施。在抚顺，这样的经验体会几天都说不完。

在锦绣山川和人文史迹间穿行

　　山川锦绣，人杰地灵。抚顺位于辽宁省东部山区，长白山系龙岗山脉和哈达岭造就的地势，东高西低，东西向流淌的浑河及南北两侧支流呈树枝状控制全市地貌形态，境内山峦植被茂盛，连绵起伏，水源充沛，土壤肥沃，森林茂密。全市有林地面积76.14万公顷，覆盖率达70%以上，海拔1373.1米的岗山号称"辽宁屋脊"，老秃顶子国家级自然保护区有世界独有的植物物种双蕊兰及东北红豆杉、人参等，被称为东北的植物王国和基因库；主要河流有浑河、太子河、清河、柴河、富尔江、柳河等12条河流。市区位于浑河冲积平原上，两侧山脉环绕，有自然和人类互动的景观杰作——大伙房水库、西露天矿等。抚顺城市历史有2000余年，是多民族融汇之地，历史文化积淀深厚，自然景观与人文特色浓郁，是一座美丽又拥有故事的文化名城。

峡谷穿越　浪遏飞舟

红河谷国家森林公园

景观指数：☆☆☆☆☆

人文指数：☆☆☆☆

　　"北方第一漂"红河峡谷漂流景区位于清原满族自治县红河谷国家森林公园内，景区占地面积25平方公里，是集峡谷漂流、峡谷穿越、场地拓展、餐饮住宿为一体的综合旅游度假区，国家ＡＡＡＡ级旅游景区。峡谷漂流全长12.8公里，漂流时间约2.5小时。两岸风景如画，有迎客壁、灵鹫仙岩、龙门跳、白龙马、如来神掌、双乳峰等自然景观，素有"东北小三峡"之称。红河谷夏季峡谷漂流是东北地区运行最成功的生态旅游项目之一，惊险、刺激、互动体验感强，闻名全国，堪称北方生态旅游的典范。由此带动了包括筐子沟、南天门、玉龙溪等清原满族自治县全域旅游项目的发展。红河峡谷漂流景区内有大苏河乡沙河子满族民俗村，抗日英烈孙铭武孙氏三兄弟创作的《血盟救国军军歌》在这里唱响。

　　攻略：到红河峡谷漂流景区最佳时间为夏季，秋天其次。从沈吉高速清原高速口或202国道清原县城下道，可以到达红河谷、清原北山、筐子沟、南天门等景区。

萨尔浒千台山

景观指数：☆☆☆☆☆

人文指数：☆☆☆

　　抚顺市内的山体和水体景观与近现代人类活动有关，是人与自然互动的杰作。如大伙房水库周边的萨尔浒风景名胜区、皋山景区、元帅林景区，和城区内的十里滨水公园、月牙岛生态公园等。另外，"煤都"抚顺的城市兴起与矿山大规模开采有关，以千台山为中心的亚洲第一矿坑西露天矿、东露天矿，规模宏大令人震撼，是记录国家工业发展和人类活动难得一见的景观，具有很高的旅游价值。西露天矿矿坑东西长6.6公里，南北宽2.2公里，总面积10.87平方公里，开采垂直深度415米，为中国大陆地平面最低点，海拔−335米。

　　攻略：元帅林景区距抚顺市区35公里，沿202国道经高丽营子村到达目的地，景区内有东北罕见的明清石刻群；萨尔浒风景区、皋山景区距抚顺市区15公里，俗称小青岛。滨水公园、月牙岛生态公园和以千台山为中心的西露天矿地质奇观，都在市内，交通方便。

千年古韵　如诗似画

高尔山风景区

景观指数：☆☆☆☆

人文指数：☆☆☆☆☆

　　东北历史上高尔山之所以高出许多名山大川，不在于它的高度，而在于深厚的文化底蕴。高尔山城有近2000年历史，唐代东北地区最高的行政治理机构安东都护府就设在高尔山城，辽代的贵德州城、明清的抚顺城都围绕高尔山建立。这座山上曾发生了许多足以载入史册的故事，薛仁贵等的英雄史迹，辽东大都督泉男生"王子复仇记"般的爱恨情仇，辽代显贵察割等种种过往，就是以山城为舞台流传于世。目前，高尔山古代景观以辽代以后为主，隋唐安东都护府之前的历史文脉并没有挖掘展现。

　　攻略：在抚顺市区乘坐经高山路的公交车在高尔山都有站点，攀登难度都不大，高尔山景区附近还有抚顺战犯管理所旧址陈列馆，那原是羁押与改造"末代皇帝"等伪满战犯和日本战犯、国民党战犯的地方，值得一看。

蜿蜒绵亘　青山锦绣

苏子河大转弯

景观指数：☆☆☆☆☆

人文指数：☆☆☆☆☆

在苏子河即将流入大伙房水库之前，苏子河与左右青山互动，形成了一系列世界罕见的U形谷景观群落，其中最有代表性的是新宾满族自治县南杂木镇转湾子村U形谷、上夹河镇姚家水库大龙湾U形谷。这一带由于自然生态保护尚未旅游开发，是摄影、徒步、航拍等旅行者的天堂。每到春夏，山杏、山梨、兴安杜鹃等野花开遍U形谷两岸，其生态多样性，得到《中国国家地理》杂志推崇。作为世界级U形谷自然景观，这一带的旅游文化潜在价值无限。不久的将来，一条生态徒步旅游路线会把大伙房湿地公园、全国重点文物保护单位界藩城遗址、满族古村落、U形谷等景观串联在一起，从而成为抚顺最有价值的生态旅游文化产品。

攻略：进入苏子河U形谷景观地区有两条路线，一是从沈吉高速在南杂木镇出口下道，经南杂木镇、转湾子村、邱家堡，抵达转弯子U形谷；二是从沈吉高速到抚通高速，在新宾上夹河镇出口下道，经上夹河镇到岔沟、姚家水库进入大龙湾U形谷。也可以经上夹河到腰站、古楼、胜利等满族古村落，体验满族人文风情。

云卧山间　古木苍翠

龙岗山脉主峰岗山

景观指数：☆☆☆☆☆

人文指数：☆☆☆

　　龙岗山脉横亘于辽宁、吉林两省交界处，"四水之源"滚马岭、国家级自然保护区老秃顶子和岗山是龙岗山脉的生态制高点，前两个地方由于生态保护需要，常年处于封闭和半封闭状态。唯一对外开放的高山是海拔1373.1米，素有"辽宁屋脊"之称的龙岗山脉主峰岗山。登上岗山主峰，如果是晴天，极目远望，可以看到百里之外的吉林省通化市、本溪桓仁的五女山城。岗山境内有原始森林561公顷，林丰草茂，古木苍翠，遮天蔽日，濒危植物东北刺人参、天女木兰、东北红豆杉有迹可循。峰顶有"水滴石穿""马蹄印"等自然景点。

　　攻略：岗山距抚顺市175公里，距沈阳市215公里。走沈吉高速转抚通高速旺清门高速口下道后前往岗山山门。

树木丛生　百草丰茂

猴石　天女山　三块石

景观指数：☆☆☆☆☆

人文指数：☆☆☆

　　猴石、天女山与三块石3个森林公园是三块石革命根据地的不同侧面，猴石景区有小路可以直通三块石山顶，主峰有3块高约20米的巨石因而得名。1934年，抗联领导人杨靖宇带领抗联在三块石创建抗日游击根据地，在老黑槽沟等处建立密营，与敌人进行武装斗争；1946年，中共辽东三地委组建，将沈阳、抚顺两县合并为沈抚县委，基干三团和中共沈抚县委以三块石革命根据地为依托建立根据地，这里作为对敌斗争的最前沿被称为"辽东敌后一盏明灯"闻名于辽宁大地。

　　攻略：进入3个景区的最佳时间一般在秋季。走沈吉高速转抚通高速木奇高速口下道可进入猴石景区；三块石景区距抚顺市区52公里、天女山距抚顺市区65公里，两个景区都在抚顺县一条线上。3个景区都以红叶、溪流和云海闻名辽宁。

长白龙干　灵山隽逸

清永陵陵山启运山

景观指数：☆☆☆☆☆

人文指数：☆☆☆☆☆

　　一山一殿一门，三者皆取名启运，在清代陵寝中绝无仅有。启运何意？《现代汉语词典》对此解释就两字：起运。启运山原名尼雅满山岗，满语意"两山之间或心脏中央"。兴京新宾作为前清故里，其盛名不逊色于沈阳，兴京、盛京两京并称，清朝历代皇帝有回归故里祭祖的习惯，启开新运，拜启运山、享启运殿、走启运门，是古代皇帝的仪轨，也是现代游客祈福纳祥的心理。清永陵和赫图阿拉城是抚顺现存的世界文化遗产，是外地游客到抚顺旅游必到的打卡地。

　　攻略：沈吉高速转抚通高速新宾永陵站下道，周边景点可以游览后金第一城赫图阿拉城和到老城村体验满族风情。

"纳鲁窝集"中的"纳鲁"满语为韭菜，"窝集"满语为森林。"纳鲁窝集"，则是如韭菜一样生长的丛林。史料记载："窝集者，盖大山老林之名。"清代东北地区有诸多"窝集"，如马延窝集、库穆尔窝集等。抚顺东部山区龙岗山一带，森林植被十分茂密，当时被称作"纳鲁窝集"，即像韭菜一样茂密的大森林。"纳鲁窝集"是以渔猎采摘为生的满族先人们理想的家园。

清初文人杨宾在他的《柳边纪略》里说，这里"万木参天，排比联络，间不容尺。"沈阳修建的故宫、盛京叠道等使用的木材均来自抚顺东部山区。

在辽宁大地，抚顺是最为独特的存在。大自然毫不吝啬地将各种宠爱，都赠予了这座城市。

发　展

抚顺地处辽河平原东部，"辽宁屋脊"之西域，在抚顺境内东西长130公里的区域内，竟奇迹般地集成了高山、丘陵、平原多种地貌。平均海拔800米、东西走向的长白山系龙岗山山脉，阻挡了西太平洋夏季风送来的水汽。于是，这里便成了松花江、鸭绿江、辽河等多条水系的源头。充沛的降水孕育了享誉世界的"纳鲁窝集"，继而又养育了若干东北古族。

抚顺是辽宁省的重要水源涵养林和商品用材林基地，良好的生态环境是抚顺经济社会发展的宝贵资源，也是振兴东北的一个优势。近年来，抚顺将"绿水青山就是金山银山"这一理论内化为人们的行动自觉，不遗余力地建设东北东部绿色经济带、全力打造辽东绿色经济区。绿色发展理念，让抚顺森林再次出现"密林葱葱，隐天蔽日"的景象。

"十五"和"十一五"期间，抚顺林业用地面积达85.54万公顷，占全市国土总面积的75.9%。有林地面积76.14万公顷，其中人工造林保存面积36.69万公顷；林木总蓄积量7120.9万立方米，年生产木材46.7万立方米；森林覆盖率达67.8%。《抚顺市林业和草原发展"十四五"规划》里数据显示，"十三五"期间，抚顺林业发展潜力得到进一步释放，森林质量显著提升。全市林业用地面积达到85.63万公顷，有林地面积76.94万公顷；森林覆盖率68.81%，同比"十二五"期末的68.42%增加0.39%；森林蓄积量达到8206.32万立方米，居全省第一，同比"十二五"期末的7472.04万立方米增加了9.8%；林木绿化率70.13%。

守 护

多年来，抚顺秉承绿色发展理念，全面实施森林可持续经营发展战略，依托得天独厚的自然条件和丰富的森林资源，在林业生产实践中逐步探索出以落叶松、红松立体经营为主的林林型；人参、细辛等中药材为主的林药型；刺龙芽、大叶芹等山野菜为主的林菜型；红松、核桃楸和榛子为主的林果型；以及木耳、食用菌为主的林特型5种森林多功能复合经营模式。通过多年的实践与突破，走出了一条以林养林、以短养长的林地经济发展新路子，实现了"生态得保护、产业得发展、林农得实惠"的目标，同时，为抚顺全面融入辽东绿色经济区建设按下了"助力键"。

2017年5月，《中芬森林可持续经营示范应用项目》正式启动。2019年5月，在中芬双方共同努力下，清原满族自治县自然资源局、芬兰自然资源研究所分别代表中芬双方，签订了《林木种质材料交换协议》。由中方向芬兰提供核桃楸种子100粒、水曲柳和黄菠萝种子各500克，芬兰向中方提供欧洲赤松种子1000克、芬兰白桦和欧洲云杉种子各400克。同年年底，中芬双方按照交换协议引种成功。

时隔一年后，400克芬兰白桦种子在清原满族自治县国营大边沟林场引种育苗获得成功，工作人员共繁育出造林标准苗木6000余株。2021年4月，6000余株幼苗分别被安家至县国营城郊林场北岭工区金凤岭和南岭工区吴家沟水库东沟。时至目前，长势喜人。2022年4月，部分欧洲赤松相继落户城郊林场南岭工区吴家沟岭，1.84公顷的面积是它们独占的成长家园。未来，还会有更多的欧洲赤松以及还在育苗期的欧洲云杉住进清原的苍松翠柏间，与清原的山水林田共生、共赢。

蜕 变

我市森林资源丰富，每年通过森林抚育、林业有害生物防治都会产生大量的采伐剩余物，以及木材加工的边角料、木屑等。抚顺多家食用菌生产企业及种植合作社通过技术手段，使看似没有任何使用价值的残枝枯干变成了新的生命营养源泉，让"生态包袱"变成"绿色财富"。以位于抚顺县后安镇的辽宁三友农业生物科技有限公司为例，该公司每年大概消耗3000吨采伐剩余物和木材加工废弃物用来生产平菇菌棒、大球盖原料、滑子菇菌棒等，仅靠生产菌棒这一项就收入2000余万元，实现了"生态包袱"的完美蜕变。

坐落在清原红透山镇的中能建投（清原）新能源有限公司40兆瓦生物质热电联产项目是抚顺市重点新能源项目，同时，也是辽宁省的首个生物质项目。公司年消耗农林废弃物30万吨，可提供绿色电力约3亿千瓦时，同时，还可以满足红透山镇40万平方米建筑供热需求。树枝枯干转换为绿色电能和热源，既保障了民生，又秉承了"生态优先"发展理念，实现了"生态赋能、赋能生态"双循环。

初秋，记者一行踏上"四水之源"滚马岭，"嘉谷灵草，俊禽丰貂，百物番昌，丛林丰茂"的景象再现于眼前。野鸽、雉鸡林间鸣戏，五彩蝴蝶水边挥翅，林海绿涛，万木峥嵘。采访中，多位村民笑吟吟地向记者讲述绕行野牲的故事。

抚顺是满族故里，满族先民是在森林的护佑下得以繁衍壮大起来的。因此，满族先民养成了崇拜森林、敬畏森林，以及尊重自然，对自然资源取用有度的朴素的生态理念。如今，抚顺人已将这一生态理念固化成特色文化，在生态文明思想的辉映下，熠熠闪光。

辽宁作为抗日战争起始地，中国共产党领导的抗联第一军第一师和第三师在1934年2月到1938年秋的4年多时间里，在抚顺这块土地上奋勇抗战，留下了许多宝贵的红色资源。为了探寻这些红色资源，继承先烈遗志，传承红色基因，抚顺日报社"浑河两岸"报道组查阅了《辽东抗战研究》《东北抗战图志》《辽宁人民抗日斗争图文纪实》《东北抗日斗争论文集》《抚顺市志》等文献资料，并邀请抗联文化研究员一同走进新宾猴石抗联密营遗址群，通过全面深入探寻，重温20世纪抗联将士依托密营抗击日寇、保卫国土的壮烈史实。

特殊关系

抗联是由中国共产党领导的抗日部队、鄂豫皖红军创始人之一杨靖宇任抚顺特支书记。它之所以与抚顺这座城市产生千丝万缕的联系，是因为抗联缔造者杨靖宇和三师师长王仁斋等抗联将领，都有过在抚顺煤矿领导工人运动的经历。

1929年7月，杨靖宇受上级党组织委派到苏联学军事，由于"中东路事件"国境关闭，临时受阻于沈阳。时任中共满洲省委书记刘少奇派杨靖宇到抚顺从事工运工作，担任抚顺特支书记。王仁斋这时也在抚顺煤矿从事工运工作，二人在领导抚顺工人运动中结下深厚友谊，为后来共同投身武装抗日建立抗联第一军打下坚实的感情基础。

1936年1月，杨靖宇派张佐汉回到故乡抚顺，与王绍纯、石翔振、周鼎仲、李壮猷等重建抚顺地下党组织，其主要任务就是配合和支援抗联三师在抚顺地区的对敌斗争。

抗联第一军是在东北工农红军南满游击队、海龙游击队基础上组建的东北人民革命军第一军独立师。后来东北各地游击队又组建起抗联第二军，第一军第二军合并统称抗联第一路军，杨靖宇任总司令。抗联第一军第一师、第三师是抗联主力中的主力，主要根据地和战场就在抚顺境内的岗山、老秃顶子、猴石及三块石周边地区。

抚顺市社会科学院原副院长王平鲁在从事抚顺抗联密营遗址群史料研究时说，抚顺是杨靖宇领导的抗联第一军一师、三师在辽宁的主要作战区，目前所发现的抗联密营遗迹有三大特点：其一，战略位置最前沿。密营区迫近日伪政治经济重心沈阳、抚顺、本溪兼及鞍山等工业城市，对南满地区敌人威胁性最大；其二，区域分布面最广。密营是抗联将士在与日寇斗争中具有隐蔽和储备物资、医治伤病员等多种功能的秘密场所，是抗联将士在敌强我弱的形势下，坚持长期游击战争的重要依托，在东北各地留下了许多密营遗址。抚顺作为抗联重要的活动地区，密营遗址分布广泛，密营遗址遍及清原、新宾、抚顺县三县山区，反映出抗联在抚顺武装抗日军事斗争的广泛性、持久性；其三，战斗性质最突出。所有密营区不仅具备隐蔽、

居住、储备、军工等密营诸要素，更突出的特点是警戒、出击、转移功能完备，保持高度的临战性。

"火烤胸前暖，风吹背后寒……全民族，各阶级，团结起，夺回我河山。东北抗联《露营之歌》，形象地描写了抗联将士当年在白山黑水间的战斗生活，也唱出了抗联战士坚定的信念和必胜的决心。"王平鲁说。

西征起点

正是杨靖宇、王仁斋等抗联将领与抚顺地下党和工农群众有这种特殊关系，才会选择抚顺和辽东山区作为抗联根据地，没有地下党和群众的支持，抗联部队很难开展对敌斗争，抚顺猴石密营和与之相关的密营文化带有抚顺特殊的烙印。

1934年2月到1938年秋天的4年多时间里，抗联主力部队第一军借助辽东龙岗山脉前凸地形，穿插于南满铁路、奉海铁路两条交通大动脉之间，对日本侵略者统治的沈阳、抚顺、本溪、通化等城市造成极大威胁。杨靖宇领导的抗联一军接连取得胜利，让日伪当局坐立不安。日伪军企图割断抗日武装与人民群众的血肉联系，通过经济封锁，孤立抗联，进而达到消灭抗联的目的。

1936年，日伪当局施行了"集家归屯"等封锁政策，妄图利用冬季严寒天气、大雪封山的机会来对付抗日联军。面对这一形势变化，杨靖宇指令所有抗联部队盖密营、准备粮食，以便同敌人作战。据杨靖宇警卫员王传圣回忆，他们平时就驻在密营里，一有机会就进行突然出击，破坏敌人的围墙、碉堡、公路、桥梁、电杆、电线等。

为了同党中央和关内的抗日武装取得联系，粉碎敌人的"讨伐"，杨靖宇组织了两次西征。1936年6月，杨靖宇组织一师师部、三团、保卫连、少年营共400余人，进行首次西征。他们从凤城、本溪交界的和尚帽子山区根据地出发，向岫岩、辽阳方向前进。由于地理环境生疏及沿途敌人的严密封锁，7月初，西征部队在岫岩境内受阻。回师本溪途经摩天岭时，歼灭日军守备队今田大尉等38人。11月下旬，杨靖宇组织三师从新宾出发开始第二次西征。途经清原、铁岭，跨南满铁路，到达辽河边，因河面未封，部队无法前进，1937年春返回清原、新宾一带。两次西征虽未成功，但扩大了抗联的影响，鼓舞了敌占区人民抗日救国的斗志，传播了革命的火种。

抗联密营作为抗联将士隐蔽、储备战斗物资、治疗伤病员的秘密补给基地，自然成为敌人的"眼中钉、肉中刺"。1938年，由于抗联一师师长程斌叛变投敌，致使辽东山区绝大多数密营被发现捣毁，而猴石和三块石之间的抗联密营之所以能够幸存，是因为以三块石为中心的猴石抗联密营是由王仁斋率领抗联三师所建立，三师与一师互不隶属，所以才免遭破坏。1937年9月，王仁斋在清原筐子沟壮烈牺牲，猴石密营营址便成了一个秘密。

红色基因

3年前，猴石抗联密营遗址群被发现，并逐渐进入世人视野。目前，在猴石地区抗联密营遗址群共探查发现7处遗址，分布于头道阳、二道阳、三道阳、岔沟、赵坡沟、老黑槽沟及蛤蟆塘沟，总面积达570亩。猴石抗联密营遗址群是抗日民族英雄杨靖宇领导的抗联第一军第三师抗日根据地，因此，抚顺新宾猴石密营被党史和社科专家称为东北抗联"红色基因"。

"新宾猴石抗联密营遗址群"位于新宾满族自治县木奇镇西部的大山深处，新宾猴石与抚顺县三块石是一座大山的两个坡面，密营遗址群就在两县交界的大山深处，通过这处密营到抚顺市区和交通大动脉奉海铁路很近，便于深入敌占区突然发起攻击。

在猴石密营指挥所旁边，当年抗联战士打造的水井一直在使用。"地窨子"这种半穴居式建筑方式在抗联密营比较常见，地方史学家、新宾满族自治县作协主席徐爱国告诉记者，这是抗联战士在恶劣自然条件下所展现的聪明智慧。他指着"地窨子"后面一道长长的深沟说，这是烟道，烟道连接"地窨子"和厨房的灶台，上面用泥土和树枝覆盖，烧火产生的炊烟会顺着山沟排出并逐渐消散。

为了保护密营不被外人发现，一些交通要道分布有哨所，除了侦察敌情，外围哨所还负责接收当地地下党和百姓送上来的粮食和其他物资。为加强哨所之间的联系，抗联战士还发明了一种充满智慧的通信工具：用刀子在木头上抠个槽，里面安放一个簧片，轻轻拨动会发出啄木鸟啄树一样的声音，不同声音和节奏代表不同的情况。这种只有抗联战士才能听懂的密码，被人们称之为"啄木鸟密码"。

清原、新宾、抚顺县三县作为抗联重要的活动地区，密营遗址分布比较广泛。此前在新宾岗山、红庙子乡、榆树乡、大四平镇，清原大苏河、南山城等地都发现过抗联密营遗址，但像猴石密营这样规模较大的遗址群并不多见。

猴石密营的重见天日，让隐藏在辽东大山深处的"红色基因"得以被发现，抗联精神永垂不朽。抚顺作为东北抗日联军成立和战斗的地方，红色密营文化是抗日先烈留给抚顺这座城市最可贵的精神文化遗产。

青山莽莽苍苍，离不开树的拥抱。没有绿树如荫，哪来青山之青？没有山的托举，何显树的柔媚？树，本就是青山的一部分。

得益于上天眷顾，抚顺东部山区，得天独厚的气候和水土条件，使得树家族种类繁富。据《抚顺树木志》记载，抚顺地区共有木本植物43科95属266种。其中裸子植物4科8属26种、被子植物39科87属240种。仅优势树种就有长白落叶松、日本落叶松、云杉、冷杉、油松、赤松、樟子松、柞树、胡桃楸、花曲柳、桦树、色树、椴树、榆树、刺槐、杨树等。此外，还有东北红豆杉、红松、水曲柳、钻天柳、紫椴等国家级珍稀树种。参差百态乃幸福之源。对于抚顺这方水土来说，拥有如此丰富的树种，何尝不是这片土地之幸，又何尝不是抚顺人之幸！

来自远古的"抚顺桦"

那是一棵来自远古的抚顺桦。

1984年，北京自然博物馆的一块大型展板，牢牢吸引了一位抚顺人——抚顺史学家赵广庆的目光。展板以现代科技手段模拟出的我国原始森林还原图，让赵广庆为之一振——我国最早的原始森林，竟然就在今天的抚顺东部山区。不仅如此，科学家研究发现，这里的树，最先有了花、有了果，最先完成了裸子植物向被子植物的进化。被子植物的出现，使得自然界真正有了美丽的花朵，更重要的是，种子不再裸露在外，有果皮包被的种子，大大提高了繁衍能力。比如，桦树的种子，其翅果能借助风将种子传播很远。这不仅是植物界的一次大进化，也给动物以极大影响。被子植物为某些动物提供了大量食物，使它们更容易生存繁衍，而动物将花粉和种子传播和散布，又助长了被子植物的繁茂和发展。

北京自然博物馆的科学家对最初桦树生存的中心区域的认定，随着研究深入而不断扩展，从清原滚马岭及其山脉，到现今的清原湾甸子一带，最终又扩展为东至新宾境内的岗山，西至抚顺西部的浑河冲

积平原，南北在清河和北太子河两河流域的中间地带。也就是说，其生存区域遍及整个抚顺地区，科学家们因而将这种植物群命名为"抚顺桦"。"抚顺桦"，成为我国境内植物进化的里程碑。

5年后的1989年，中国地质大学两位学者马欣祥和李富强在抚顺的始新世地层中，首次发现距今4000万年的"抚顺桦"化石，对科学家上述研究成果作了有力佐证。

在中国地质大学(武汉)逸夫博物馆里，有一块标本编号为EP-1-1的化石。这块被称为"抚顺桦"的古老化石，记录的自然地理学与植物学密码，是"抚顺桦"生命曾经鲜活过的证据："抚顺桦"属于被子植物门双子叶纲桦木目桦木科桦木属。叶宽卵形，顶端渐尖，边缘具较六、尖锐的锯齿……

以"抚顺桦"命名的这片植物群，造就了辽东山区第一片大森林。从苔藓到蕨类，从裸子植物到被子植物，这一片山水，经过亿万年演进，发育成东北大森林。沧海桑田，写进了厚厚的煤层中，写进了龙岗山脉的皱褶里……不知莽莽龙岗山，是否还能想起这棵远古"抚顺桦"最初的妩媚？

红豆生北国

东北红豆杉堪称北方的"相思红豆"。

说起红豆，许多人会情不自禁想起"红豆生南国，春来发几枝。愿君多采撷，此物最相思"。唐朝诗人王维的这首《相思》，借咏红豆寄予对友人的真挚情感，使生于南国的红豆被赋予相思色彩的浪漫。

东北红豆杉，也有着红豆样儿的果实，可比王维的南国红豆珍贵多了。我们在地球上已有250万年历史，是活脱脱的植物活化石。但是，因为存量极少，濒临灭绝，1999年，被列为国家一级保护植物。

说起濒危，就要说说辽宁老秃顶子国家级自然保护区。保护区位于抚顺新宾和本溪桓仁两县的交界处，属长白山脉龙岗支脉向西南延续部分，有10座海拔超过1000米的山峰。这里森林生态系统完善，生物种群具有古老性、多样性和典型性，是国家重点保护野生动植物的主要分布区和重要栖息地。这里的森林植被组成是明显而较系统完整的垂直带谱系列，成为天然的动植物物种资源库和基因库。其中被列入国家重点保护的珍稀植物有东北红豆杉、人参和黄檗（黄波椤）等17种；国家重点保护珍稀濒危动物有紫貂、金雕及大鸨等22种。第四季冰期遗存的子遗植物双蕊兰，为世界其他地区尚未发现的珍稀物种。

在老秃顶子这块福地，有鸟语花香的陪伴，250万年来，红豆杉从未寂寞。250万年的日升日落、自然演替，红豆杉还是当初的模样儿，如果王维有知，他一定会说，北国红豆更长情……

1300岁，抚顺最古老的树

古树，可以说是人类能接触到的最古老的生命，在抚顺的山间、村头、路边，古树见证着这片土地的时代变迁，见证着一代又一代抚顺人的喜怒哀乐、爱恨情仇。

在新宾满族自治县木奇镇木奇村，有一株古松，有1300多岁，人们叫"树王"。树高有26.5米，胸径3.7米，地围4.9米，冠幅达32米×29.5米。树姿雄伟，树冠庞大，占地面积780平方米，当地人崇敬地称为"神树"。

相传，有一次努尔哈赤外出打猎，行到木奇一带，忽见丛林中蹿出一只梅花鹿，努尔哈赤立刻尾追而来。山坡上的古松为其浑身上下透出的神武之气所打动，不由得发出隆隆奇响。此情此景令罕王激动不已，他觉得是这古松在暗示他什么。老罕王立刻下马跪拜，脱口道："真乃神树也！"不久，萨尔浒大战拉开帷幕，罕王统领将士们一起再拜古松，官兵士气大振，大获全胜。而后，清朝多位皇帝回永陵祭祖时，皆不忘下马施拜古松。乾隆皇帝干脆赐名"启运树"。

说到清帝回乡祭祖，还有个御路古榆的故事。

清朝迁都北京后，康熙皇帝励精图治，先后平定三藩、平定噶尔丹，收复台湾，天下统一。为彪炳文治武功，告慰先祖，康熙先后4次回永陵祭祖。康熙祭祖经过的这条路，被称为御路，御路旁的榆树，被人们称为"御路古榆"。

如今，这些古榆，树龄已有300多年。最大一株树高26米，胸围5.3米，地围10米，冠幅22.1米×22米。人们无比喜爱这些古榆。20世纪末，新宾人修建贯穿全境的交通大动脉——东南公路，本应沿此路拓宽，因为大家不舍得毁树，最终将路线改在村子北边。

在抚顺，古树与人的故事还有许多。

在清原满族自治县英额门镇幸福村的村头，两棵古榆，枝叶婆娑，比肩而生。二榆树龄均有500余年。稍显细瘦的东榆，也要六七人拉手方能合围。西榆被村民称为拴马树，与后金开国五大臣之一钮祜禄·额亦都有关。13岁时，额亦都父母被杀，少年手刃仇人，替父母报仇。骑马逃跑的额亦都路过双榆，曾在树下拴马休息，马将榆树根咬伤，日后长出了树瘿。如今去幸福村，还能看见、摸到那疙疙瘩瘩的树瘿。相距10余米的东西两棵古榆，枝叶交连，两相依依。两树都在三四米处分叉，主干直上云天。东榆尤其奇特，竟抱石而生，裸露在外的虬根，盘曲石上，像只大手牢牢抓住大石。

幸福村原来叫嘎拉伙洛，满语为"石头沟"。经年战乱，两棵古榆却幸免于难。日寇被赶走后，乡亲们在古榆的注视下重建家园。到了新社会，村民干脆将村名改为幸福村，全村人在两棵老榆树的陪伴下，日子越来越红火。

一天午后，我又拿起那张微微泛黄的抚顺地图，家乡抚顺在地图中犹如一只翩翩起舞的蝴蝶，径直飞往沈阳方向，呼之欲出。

令我觉得十分奇怪的是，在"蝴蝶"东侧的翅膀上，我发现有几个乡镇的名字似乎都与城门有关，北京有朝阳门、东直门、西直门等，抚顺则有英额门、旺清门和土口子，英额门和旺清门的名字听起来颇为讲究，一点儿也不输紫禁城九门的气势，而土口子听起来则更像是来自民间口语。

为什么抚顺会有这么3个类似城门的地方？直到一天我看到一张清代柳条边的古地图，我忽然想起那天在"蝴蝶"翅膀上看到的3个城镇，反复研究比对后才发现，原来英额门、旺清门、土口子这3个地方都与这柳条边有关。于是我将清原的英额门镇、土口子乡、大孤家镇和新宾的旺清门镇作为柳条边的寻访之地，一路寻找发生在"边里边外"的故事。

在清代，康熙曾下令永不修长城，但为了保护长白山人参、鹿茸、蜂蜜、哈什蚂、狍子等宝贵资源，清朝创造性地修筑了柳条边，史称"结绳插柳，以定内外"。从那时起，描述咱们东北地理方位的名词除了"关里关外"，又多了一个"边里边外"。那么我们抚顺到底是"边里人"还是"边外人"？在东北流传较广的那句"铁岭葱，开原蒜，边外的姑娘最好看"又是否确有其事？别着急，且听我慢慢道来。

柳条边，顾名思义即柳树枝组成的边墙，素有"辽东绿色长城"之称。先是在地面挖宽两米多、深两米多的壕沟，同时将挖出的土在另一侧筑宽、高均为一米的土堤，壕沟与土堤并向而行，然后在土堤上每隔不到两米插柳条3根，各柳条之间的间隙再用麻绳相连，插柳结绳，这样就形成一道隔离带，隔离带逐渐延伸到远方最终形成了柳条边。柳条生根发芽后，枝繁叶茂，便会形成一道茂密的绿色屏障，郁郁葱葱的绿色之间仿佛还夹杂着那么一丝保护家园的味道。

柳条边的整个工程建造规模堪称宏大，前后共用了43年，以开原威远堡镇为交点向东南、西南、东北3个方向延伸，呈人字形横亘在东北平原上。西侧自威远堡镇向西南至山海关，构成"人"字的一撇，东侧自威远堡镇向东南经抚顺土口子、英额门、旺清门等乡镇，直到丹东凤城，构成"人"字的一捺，这一撇一捺史称"老边"，后来又从威远堡镇向北修到吉林法特哈，再经扩展后称为"新边"。

全长2640华里的柳条边，有边门20座、边台168处，水口数百（柳条边横跨江河处称水口），抚顺的英额门、旺清门就在这20座边门之中，两门相距93公里。柳条边将整个辽河平原包围起来，在包围圈里就叫"边里"，又叫边内，在包围圈外就叫"边外"，主要是长白山及其山脉延伸的地区。

我听说，起初的柳条边出入管理非常严格，各处边门均设检查站，凡进出边门者需经检查核准后方可出入，但随着清代移民政策的实施，有许多人冒着被捉拿问罪的危险，来到这封禁之地"淘金"，越来越多的人在柳条边附近定居下来，慢慢就沿着柳条边的附近形成了许多村落。如今在地图上，仍然可见由多个村庄相连组成的一个脉络，只要根据这个脉络，就可以大概判断出曾经的柳条边修筑路线。

柳条边经过抚顺的大孤家、土口子、英额门、湾甸子、北四平、旺清门、响水河子、红庙子、永陵、榆树、平顶山、大四平等乡镇，随后南出抚顺边界直到本溪碱厂镇，几乎纵贯了抚顺的偏东部，又斜穿了抚顺的东南一部。"人"字形柳条边的这一"捺"在经过抚顺时，角度略微回收，使得整个柳条边的"人"字形看上去结构不够舒展，像个"瘦人"。

按照方位来看，咱抚顺的西部大片区域是"边里"，东部的小片区域是"边外"。在如今的新宾榆树乡仍有一个叫边外的小村子，这里是柳条边从抚顺东北方向而来转下西南方向的一个拐点，听说是清代一批回迁的满族人路过这里，见此土地平阔、水源充足，便在此世代而居，虽然距离附近的蔡家村仅一公里，但却因清代早期修建的柳条边被隔成了边里边外两个天地。

如果你有兴趣验证"边外的姑娘最好看"这句话是否为真，建议你到抚顺东部的几个乡镇去找找，看看是不是边外的姑娘最好看？我也曾听说过"清原自古出美女"这样的话，不知道跟这"边外"的说法是否有关。

我们到了清原英额门镇，柳条边边门之一的英额门所在地。这里除了是康熙四大辅政重臣遏必隆的老家，相传也是和珅的老家。我翻阅了许多资料才发现，虽说这种说法多少有些牵强，但却也有据可循，并且他们都来自满族的一个大姓——钮祜禄，乾隆的生母就是孝圣宪皇后钮祜禄氏，在早些年的影视剧中就有以她为原型塑造出的一个人物——钮祜禄·甄嬛。英额门即为钮祜禄姓氏的世居之地，如今都改姓为"钮"或者"郎"。

在英额门镇内，曾经的英额边门早已不见踪迹，甚至连遗址也很难找寻。我们几经打听，一路辗转，才问到了一个英额边门的遗址可能在英额门镇中心小学西北墙外的线索。得到线索的我们立即赶往这个小学，到达学校北门后沿着校墙向西寻找，然而在这里并没有什么收获，如今看到的只有砖砌的围墙和杂草丛生的荒地。我们又重新走回到校园北门，这时路过的几个老乡看见了我们，有位大哥从电动车下来问我们："你们是来找英额门的吧？"见我们用期盼的目光望向他时，他接着说："嗨！早就没有了，这里是因为早些年学校翻建，在打地基的时候曾经挖出来了那么几块垒城墙的青石条砖，之后有县文化站的人来考察过，说这里是英额边门的旧址。"另一位大姐接着说："你们说的柳条边在我们当地叫柳条子、边子条，现在早就没有了，听说在村北大榆树旁的老明家，有人曾发现了那柳条子，但后来我去他家看过了，只看见有条一米宽、10余米长的土地，上面寸草不生，其他啥也没看见。"

听完这些，我们都感到有些遗憾，可叹时间像一匹野马，随着经济社会的发展急速奔跑，同时也带走了一些古老沧桑的历史遗迹。

虽说在现实中我们没有看见英额边门的遗址，但在历史中却能找到一些关于英额门曾经存在过的痕迹。

乾隆八年，时年32岁的乾隆首次东巡，自他亲政后，几年来着手发展经济、整肃军队、平定边疆叛乱，完成了祖辈们留给他的未竟之业。这次东巡，他奉皇太后钮祜禄氏到兴京拜谒永陵，乃是何等荣耀之事。此时的乾隆正值豪情满怀、意气风发之际，在游历周围风物后，满怀欣喜的他在英额边门外题诗一首："区分只用柳条边，堪作金汤巩万年。不似秦皇关竟海，空留遗迹障幽燕。"字里行间无不彰显他对国家实力强大的认可，充满了自信。

之后时隔11年，乾隆再度东巡，又写了"结绳列栅金城固，休养善守深意存……我进英莪凡两度，兴京近矣怀生欣"。流露出他对"康乾盛世"的欣喜，不难想象他那时的志得意满。只可惜连他也不曾想到，历史的车轮只能滚滚向前，开历史的倒车只能被淘汰，从努尔哈赤在抚顺起兵创业到溥仪被送往抚顺战犯管理所改造，清朝早已成为历史。

相比于乾隆在经过英额门时的欣喜，那时的其他人在经过柳条边时所表达出来的心情却与之大相径庭。柳条边多被当作一道边墙，用以渲染塞外边疆的荒凉，表达心中悲凉凄楚之感，有类似"西出阳关无故人"的情境，过了这个边门便与身后的家乡就此隔绝，开始四处漂泊无依的苦寒生活。

清代大学士方孝标获罪流放宁古塔，在经过英额门时，看着眼前的景物曾作

"万里人烟绝，当关一木遮"之叹。清代诗人吴兆骞因罪流放塞外，在路过这里时，也曾写下以英额门旧称为名的《阴沟关》："重山千仞迭晴空，列栅当崖锁钥雄。牙帐别开龙碛外，岩疆更抱菟城东。数家烟火黄云暮，一片牛羊白草风。去去敢伤荒徼远，辽阳今已是关中"。28岁的他自此经过英额门后，在"不识春风"的荒凉边塞待了整整23年，直到51岁才被赦免南归，风华少年早已不在，归来时只落得个身心交瘁无人怜。

此时恰巧一阵风吹来，卷起了地面上的尘土，我站在英额门曾经存在过的地方，仿佛看到了方孝标和吴兆骞在黄沙中那失落惆怅的背影……

英额门镇除了曾经是柳条边门之一外，如今更为出名的是龙胆草。在这"边里边外"的交界之地，我们除寻找边门外，还有另一个重要目的，便是拜访附近橡子沟村的全国劳动模范、以人工栽培龙胆草而被誉为"东北药王"的徐等一。

早在30多年前，他在自家屋边的耕地上成功研究出了龙胆草人工栽培技术，随后推广经验带领全村共同致富，让这种隐藏在深山中，对生长条件要求极为苛刻的中草药得以归圃驯化并实现量产，"清原龙胆"从此成了一个在全国中草药界响当当的品牌，在2008年获国家地理标志认证。

我们走进附近橡子沟村的山谷，一块刻有"清原龙胆"的石碑与旁边的古树在路旁成为迎客一景，石碑、古树相互映衬、相得益彰，携手"站"在道路一侧的小广场上迎接着过往的车辆，给我一种似黄山迎客松的感觉，欢迎着大家来橡子沟做客。后面的山谷就是包括龙胆草在内的"中草药大观园"。

你怎么也想不到，这里就是坊间盛传的"龙胆之乡"，全国龙胆草的主要生产基地，产量占全国总供给量的十之七八，连带黄精、威灵仙、玉竹等中草药，总产值

超过亿元，也助力所在的抚顺市清原满族自治县，成为北药道地中药材全国第一县。

村里人只要提起徐等一，没有一个不竖大拇指的，听闻我们要去拜访，都很热心地帮我们指路。在一户山脚下的小院里，我们见到了徐等一。在知道我们特意前来拜访后，这位带领全村创造出过亿资产的老人全无半点儿架子，很热心地回屋里取出4个"小马扎"，摆在自家院子的门口同我们交谈起来，讲述他根据国家政策形势，苦心学习钻研出龙胆草人工栽培技术，又带领全村致富过上好日子的来龙去脉。说到高兴处，他还带我们去屋旁那块曾经培育出第一株龙胆草的耕地看看，那是一块普通得不能再普通的耕地，经他手后竟成了孕育深山中草药的沃土，如今这里并没有种植龙胆草，而是另一种药材黄精。我在一旁听他的讲述，仿佛在听一个传奇故事，却又真实无虚，不由得对他深深敬佩。

第二天，我们到土口子乡继续寻找柳条边的踪迹。相传土口子乡就是柳条边的一个缺口，因边里的人要进入黑吉两省谋生，他们私自扒开夯土墙，形成了一个缺口便于往来通行，故而得名土口子。到了清代后期，因移民政策变得宽松，对于柳条边的管理也变得不再那么严格，这一缺口被越拆越大，也就失去了当初的作用。

我们一路寻到了最北端，来到了与吉林辽源东丰县交界的土口子乡马鹿沟村，虽然在这里依旧没有柳条边的踪影，但通往这个小村子的路却让我们驻足了好一阵子。可能是因为太美了，我竟一时找不出恰当的词句来描述。

通往村子的路建在一处河谷，两侧的山连绵起伏，一条小河从山脚蜿蜒而来。正逢下着淅沥沥的小雨，云雾笼罩在山涧，渐成雾霭缥缈之势，远远地看着就像一层薄纱，轻轻地掩盖在这墨绿色的山岭上，若隐若现，映衬出朦胧之美。车行其中，仿佛走进了一幅水墨丹青之中，目光所及皆在画中，我们也成了画中人。

恰巧这时从"画"的另一端来了一个骑摩托车的红衣大姐，她以为我们迷路了，很热心地过来指路。交谈中得知，她是对面吉林东丰县附近村的，来这里批发蔬菜回去卖。见我们只是流连忘返于这眼前的美景，她这才放心地骑车远去。风卷起了她的红衣，在空气中猎猎作响，只见她孤身一人走入"画"的深处直到消失，小路两旁的青纱帐一路相随，在潇潇细雨中，如一位女侠客骑马仗剑奔赴江湖，不忧风露沾衣，一人一骑一天下，好不潇洒……

终于，我们在大孤家镇寻得了柳条边的踪迹。一路打听得知，在小镇一个叫北岔沟村的地方，确有柳条边的遗迹，这一消息让我们兴奋不已。但等我们来到北岔沟村口却犯了难，正如这个村子的名字所讲，这里出现了两个岔路，一条向北通往卜家沟，一条向西北通往岔沟岭，可沿此路到达铁岭西丰县。我们远眺四周，根本看不到柳条边的影子。

就在我们正犹豫选择走哪条路之时，我看见村口有一个牛棚，一位老大爷正悠闲地坐在里面。抱着试一试的想法，我走过去向他询问柳条边的事情。他说："你问的是柳条儿吧？就在这不远，我前几天进山采蘑菇还路过了那里。"

柳条边遗址原来真的在这里！在我们的再三邀请下，他答应与我们一同去看看。老大爷姓邹，热心憨厚，就是耳朵已经有些背了，和他讲话需大声一些。按照他的指引，我们沿着岔沟岭方向的那条路缓缓而行。

还没走多远，邹大爷就叫我们停车，他说这里就有柳条边。下车后我们发现这是一个岔路口，另有一条向北进山的土路。邹大爷带着我们来到那条土路上，向东边的山岭望，只见那里有一道明显的山沟将眼前山岭的树木和山坡下的苞米地分成两段，像是一把斧头突然将山的左右两侧砍开，独留中间一条深深的沟壑。这条明显的"凹线"从远侧山岭而来，在山中变得稍有一些曲折，之后延伸到我们近处的山脚下，最后渐渐消失了。邹大爷说："我们看到的这个沟壑，就是过去因修柳条边而挖的，所以沟里长的树明显比旁边的树矮了一截，形成了一个明显的界线。按照这个界限，那边就属铁岭西丰，这边就是我们抚顺清原。"我低头在脚下仔细寻找是否有那条沟延伸过来的痕迹，邹大爷看到后说："你别找了，山下这块平地因为反复修路垫土，早已找不到那个沟了，公路边的排水沟就是原来壕沟的位置。"

可惜山中草木茂盛，要不然我定要去那山中看看那条沟壑，望着路边不到一尺深的排水沟，我不禁一阵唏嘘。

我们继续沿主路向西走了不到500米，邹大爷带我们攀上公路北侧的一处苞米地后说："柳条儿就在这上面。"说罢便带头钻进了苞米地，消失不见了，我们赶忙跟上。

我们沿缓缓向上的斜坡大概走了50米左右，钻出了这片苞米地。我问邹大爷："这柳条边在哪啊？"只见他用手指了指脚下，又跺了跺脚说："咱们脚下站着的就是柳条边那垒砌起来的夯土墙，旁边那个沟就是原来的壕沟。这是在夏天，你们来得不是时候，要是冬天那会儿，收割完苞米后，没有这些树和草盖着，这土墙和沟都会看得很清楚。"

真没想到，苦苦找寻多日的柳条边竟在我们脚下！我们赶紧将地面上的灌木、杂草清理干净，直到露出黑褐色的土地才肯罢休。我跑到对面的山坡上回看这里，果如一堵土墙立于一侧的壕沟旁，这土墙不到1米高，站在那里可以笔直地望见我们之前路口处看到的山岭沟壑，两者是相连的。

我闭上眼，一条完整的柳条边已在我脑海中搭建成型，横亘在辽东地区，气势磅礴，在那遥远的西北方就是柳条边中间的起点开原威远堡，在遥远的东南方就是终点丹东凤城。

再后来我们去了旺清门，跟英额门一样，这里也没有了边门的痕迹。我们路过旺清门的富尔江畔，这片曾经被康熙封为贡米之乡的地方，水稻已经结穗，谦逊地低着头，风吹过稻田，掀起层层稻浪。如今虽说边墙早已不在，但抚顺这里无论边里边外却依旧富饶而美丽。

归来后的很长一段时间，我一直想写一首诗来表达我对柳条边的印象，在柳条边宏伟悠长的外表下，似乎还夹杂着那么一丝悲凉和无奈。直到有一天我偶然看到一首清代诗人纳兰性德写的《柳条边》，才知我原想要表达的感觉竟与这诗中所写的一样，只可惜我没有纳兰性德那样好的文笔：

> 是处垣篱防绝塞，
> 角端西来画疆界。
> 汉使今行虎落中，
> 秦城合筑龙荒外。
> 龙荒虎落两依然，
> 护得当时饮马泉。
> 若使春风知别苦，
> 不应吹到柳条边。

　　老秃顶子是国家级自然保护区，位于桓仁、新宾两县交界处的 3 个乡镇内，总面积 1.5 万公顷。老秃顶子自然保护区，土质肥沃，雨量充沛，年降雨量超过 880 毫米。这里属长白山龙岗支脉，森林植被属长白植物区系，是一个重要的天然物种的基因库。

老秃顶子

御路古榆

　　岗山是女真人采集人参和狩猎的传统山地，也是抗联抵御日寇的主要根据地，更是连接浑河、浑江两大流域的交汇点，自然和历史的地标性山峰。岗山境内有原始森林 561 公顷，林丰草茂，古木苍翠，遮天蔽日，濒危植物东北刺人参、天女木兰、东北红豆杉有迹可循。峰顶有"水滴石穿""马蹄印"等自然景点。

岗山

　　在抚顺这块清王朝肇兴之地，到处可见满族兴起的历史遗迹。当年的努尔哈赤，不仅在抚顺永陵大兴土木建造祖陵，而且叠土植树修"御路"，当年的古榆至今犹在。在新宾满族自治县木奇镇东的一条古驿道旁，至今还保留有 10 余株高 22 米左右、胸围 1.5 米、树龄 400 多岁的古榆。这些古榆年轮丰满，苍劲挺秀，拔地参天，郁郁葱葱。

　　据史料记载，此路曾被清朝皇帝誉为"沮洳成果通远渚，康庄策骑览秋田"的御路，即"自盛京（今沈阳）东延伸至兴京，沟通发祥圣地的第三条御路"。古御路是昔日后金通往抚顺和盛京的重要交通干线，更是清王朝皇帝东巡祭祖的必经之路。清朝皇帝康熙、乾隆、嘉庆、道光四帝曾 9 次由此路至永陵谒陵祭祖，都曾荫于这些古榆之下。而今尚存的这 10 余株古榆，是早在后金时期，努尔哈赤命人修垒道、筑通途，并在夹道两旁植树，以荫行人而栽种的。如今路旁之古榆，已成为名胜之地。

林下山参

林下山参，也称"林下籽""籽货"，是人工方式将园参种子播撒于深山密林中，种子自然发芽、在野生环境中自然生长，经过若干年后再采收做货。林下山参原指利用野山参的小捻子或籽海仿山参条件而育成的人参。采挖山参时挖到的山参幼苗，弃之可惜，重新栽入山林中，令其自然生长，若干年后挖出利用，也叫山参"趴货"。而现在所说的林下山参是指利用现有园参品种参籽，广播于山野林间，人工创造仿山参生长条件，且人工管理，一般在12年以上的人参。2005年新版药典，名之为"林下参"，2006年，修改为"林下山参"。

高尔山

高尔山景区位于抚顺市区浑河北岸的顺城区高山路北侧，最高点将军峰海拔298米，是一处融山林风光、名胜古迹、古典园林为一体的大型综合性风景区，也是辽宁省内唯一建在古城遗址上的山中公园，国家AAA级景区。如今，高尔山最显著的古建筑是辽道宗大安四年（1088年）建造的辽塔。自古就是文人雅客经常驻足的名胜，有万山朝塔、石洞苔封等景观。

抚顺抗联密营遗址

抚顺市社会科学院党史工作部业务部长、副研究员丁美艳介绍，根据抚顺市党史部门在2010年和2020年的两次革命遗址普查成果，结合文博部门普查成果，目前抚顺地区的抗联密营类革命遗址现登记的有30处，在抚顺县、新宾、清原三县均有分布，这些密营均修建、使用于1934年至1939年之间，绝大多数分布在清原山区。抚顺山区的抗联密营，多是修建在山深林密、人迹罕至之处，以躲避敌人的侦察，以"地窖子"为主要形式。这种密营的优点在于保暖性比较好，不易暴露，还可以互相连通开展救援。

山高我为峰
原阔任驰骋

浑河两岸

第三篇

与世界上所有流域文明一样，人类的迁徙、居住、繁衍、生活是离不开河流和土壤的。辽宁的母亲河浑河和抚顺这座伟大城市的不同凡响，就在于浑河的特殊地理位置和文明构造，会潜移默化地影响到在这里生活的人，并决定了它的性格气质和文明向度。

提笔简要写下他们的名字和故事，我们没有理由不为浑河、抚顺和自己是抚顺人而骄傲！

在浑河源头，在浑河入海口，在浑河长达495公里的脉动中，浑河流淌的姿态和起伏跌宕的歌声，在不同段落完全不一样。时而骊珠婉转，时而声振林樾，或琉璃千顷，或游响停云……那是浑河母亲千万年，对子孙万代的叮咛和嘱托。悠悠烟水，生生不息，海纳百川，人杰地灵，人们不禁要问，这条北方河流，为什么会产生如此众多对中华民族产生深远影响的英雄和关键历史人物？

一些人循河而来，又沿河走去，历史出现些许空缺，又会有人进行充填，从而造就了浑河儿女敢想、敢干、敢闯、敢试、敢为天下先的精神气质和文化品质。敢想，富于创造；敢干，勇于实践；敢闯，努力拼搏；敢试，积极探索；敢为天下先，许多重大历史事件、伟大进程都与浑河两岸的标志性城市和英雄人物有关。

朝经暮史，洞鉴古今，纵观浑河几千年文明史，一张张面孔会清晰地浮现在历史长河之中。

到了近现代，北方最大人口迁徙"闯关东"、日俄东北战争、抚顺露天矿大开发、抗日战争、解放战争等历史大事件，让抚顺这座城市成为全国著名的移民城市。人口构成和城市发展形势更复杂更多元，注入了时代和地区国际化元素。

抚顺人的精神成长，充满曲折，充满艰辛。倒悬之急，病国殃民，在历史的暗黑时刻，许多抚顺人站在时代的最前沿，挥戈反日，浴火重生。

"生当作人杰，死亦为鬼雄"。"辛亥革命关东第一人"张榕和他的老师张振声等抚顺人，在民族危亡时刻，义无反顾地举起了反封建、反帝制、反殖民统治的大旗，慷慨赴死，血洒浑河两岸。"九一八事变"，孙铭武等"孙氏三兄弟"，毁家纾难，创作并高唱《血盟救国军

山高我为峰

原阔任驰骋

军歌》，这首被称为"国歌母本"的义勇军军歌，成为民族精神的文化象征，至今还在鼓舞着全民族斗志奋勇向前。我们还不应该忘记李春润、康乐三、李振山、李子荣、包景华、王桐轩、梁锡福、文殿甲等义勇军队伍和众多战死在浑河两岸的无名义勇军壮士，是他们的鲜血，洗涤了民族耻辱，换来了大地重生。

抚顺还是抗联第一军的故乡，中共抚顺特支书记杨靖宇一手缔造了抗联，抗联第一军一师、三师主要根据地就是抚顺的岗山、猴石、三块石、老秃顶子和浑河两岸。抚顺还是解放战争从战略防御转向战略进攻的最前沿，著名的辽沈战役就是从抚顺和辽东山区发起。抗美援朝战争，抚顺是战争物资的主要供给地和大后方，正是煤、油、电、钢、铝等战争物资源源不断地输送到前线，才保证抗美援朝最后的胜利，击落击伤美国军机的"空战之王"赵宝桐等多位战斗英雄就来自抚顺。

新中国成立以后，中华民族走上了民族复兴和伟大的工业化革命道路，作为各种工业要素齐全的城市，抚顺人肩负起历史使命，成为中国工业化革命的先行城市。在获得国家重点投资的同时，建立了石化、煤炭、医学等多个科学研究院所和高校，来自五湖四海的知识分子和高素质产业工人群体，改变了抚顺的人口素质和人口结构。

许多从抚顺走出去的人成为全国各行各业的榜样，这里有中国石化工业的奠基人褚志远、顾敬心；中国铝冶金教育科研先驱邱竹贤；"100位新中国成立以来感动中国人物"中的马恒昌、孟泰；毛主席的好工人尉凤英；全国工业建设群英人物涂秀森、刘成财；石油工业部"五面红旗"之一的朱洪昌；时代楷模、中国最美奋斗者陈俊武等等英模劳模灿若星河，数不胜数。

新中国、新时代、新抚顺，造就新的抚顺人。这里最有代表性的新抚顺人是雷锋，他在中国工业化伟大进程中，以时代的向度和精神的担当、一个又一个温暖的故事感动了抚顺感动了中国，雷锋精神已经成为抚顺这座城市最宝贵的精神财富。李中华、王楠、李松涛等一大批各领域的领军人物在抚顺浩瀚的历史星空中熠熠生辉。

一方水土，养一方人，更会培育一方人，浑河澎湃，人杰地灵，浑河塑造了抚顺这座伟大的城市，更造就了抚顺人的精神和品格。

巍巍潦山，绵绵龙岗；一脉浑河，百流汇川。生活在浑河流域的生民，也如这川流不息的浑河水，汇聚融合了众多民族，接纳包容了来自关内各地闯关东的移民，他们辛勤劳作，艰苦奋斗，在这一片山水间，共同组成了今天的"抚顺人"。大家在龙岗山风的吹拂下，在浑河水的滋养下，成为中华民族大一统的一部分。

交　汇

　　就像浑河有了源头之水就有了支流汇入一样，东北原著民族与中原之间的交往交流交融也是古已有之。

　　早在舜禹时期，就有东北古民族肃慎向中原进贡楛矢石砮的记载。在铁器尚未得到应用的时代，肃慎人用楛木箭杆与黑曜石箭头打造出的良弓猛箭，开启了渔猎文明与农耕文明的交流。到了商末，商朝贵族箕子率族人迁居辽东，对这里的土著各族教以礼义，传授种田、养蚕、纺织技术，并制定了禁止相杀、相伤、相盗等8条法规，促使当地文化习俗发生了很大变化。有人说，箕子东渡是最早吹向东北的中原文明之风。《左传》中记载，在当时中原人眼里，"肃慎、燕、毫，吾北土也"。

　　其后，东北各民族与中原的互通往来，从未断绝。汉武帝时期，秽貊酋长南闾秽君率领28万人归汉。唐朝时，权臣盖苏文长子泉男生，遭遇叛乱后率众归唐。667年，泉男生升任辽东大都督、玄菟郡

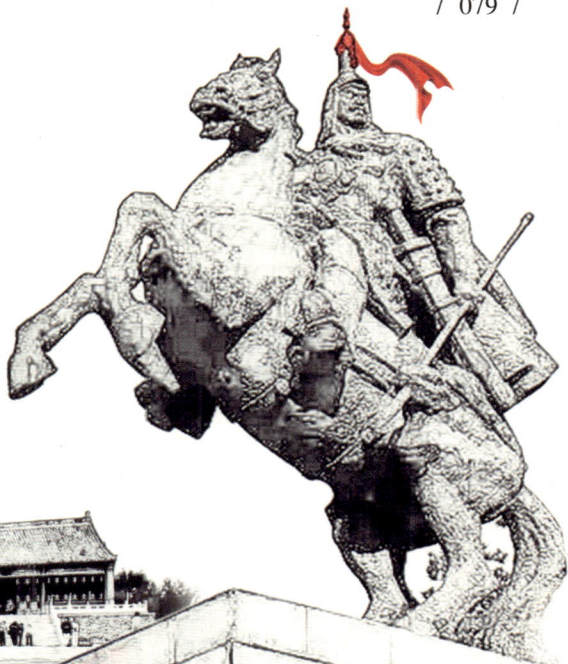

公。粟末靺鞨人、渤海王大祚荣之子大门艺，一心向唐。劝阻其兄大武艺止兵击黑水，武艺不从，反欲杀之，遂奔唐。大门艺被玄宗任为左骁将军，置于安西。

这种往来交融，到了明代更加密切。女真族著名领袖阿哈出，将女儿嫁给了朱棣，成为明成祖的国戚。明成祖永乐元年（1403年）初，明朝政府设置建州卫，授任阿哈出为指挥使，并赐名为李思诚。明朝对东北的有效管理，一直维持到明朝末年。

融　合

女真族是春秋时期肃慎人的后裔，是清代满族的先人。作为我国民族大家庭的成员，女真族与中原地区始终保持着经济、政治、文化的联系。

明成祖朱棣作为一个马上皇帝，深知战马的重要性。他当皇上最初几年，国都尚在南京。北方游牧民族使团前来朝贡马匹，要走两个多月，由于南北气候差异太大，马匹存活成了问题。朱棣下旨，指定在辽东的广宁（现北镇）、开原两地，寻找水草便利的地方开市，接收少数民族朝贡的马匹——辽东马市应运而生。此后，根据形势发展需要，又先后在抚顺、宽甸、瑷阳（今凤城市）、清河堡（今开原后施家堡）等处开设了马市。

辽东马市，最初只是为了购置军用马匹而设，并由官方包办。政府用米、绢、布交换马匹。但是由于存在巨大的供求需要，马市深受汉、女真、蒙古等各族民众欢迎，马市上交换品的范围逐渐扩大，蒙古族的马皮、牛皮等畜产品；女真族的貂皮、人参、松子、木耳等狩猎和采集品；汉族的布匹、丝绸、陶瓷、铁锅、铁铧等生活用品与生产工具，可谓应有尽有。马市上买卖兴旺，繁华堪比"清明上河图"。

马市使得大量铁制农具和耕牛进入女真人生活，女真人的农业生产水平得到不断提高。万历初年才进入奴隶社会的女真族，至万历末年，跨入了与汉族同样的封建社会。尤其是建州女真，明中叶以后，社会经济日益繁荣，农业生产力迅速提高。他们居住的婆猪江、苏克素浒一带，"无墅不耕，至于山上，亦多开垦"；粮食产量较高，"田地品膏，则粟一斗落种，可获八九石"。而且，他们的采集、渔猎经济也有很大发展，采猎品大大增加，为经济发展积累了财富。也因此，在明朝后期的辽东马市交易中，建州女真人最为活跃，并由此强大起来。

努尔哈赤在青少年时期，经常跟随祖父往来于抚顺关马市。其间，他广交汉人朋友，了解汉人各种制度。深受汉族文化陶熏的他，培养了自己"好看三国、水浒二传"的兴趣。他曾说过："我之学好明矣。"

先进的生产方式和文化，向来对落后的群落有着天然的吸引力。马市贸易，成为女真族向汉族学习先进生产方式和文化的窗口，助女真人迅速崛起。

明万历十一年（1583年），努尔哈赤以十三副铠甲起兵，开始了统一女真各部的征程。33年后的正月初一，努尔哈赤在赫图阿拉称汗，建立后金政权。

能征善战的努尔哈赤深知女真远落后于汉族，要想成就一番大业，必须全面学习和接受先进的汉文化。1615年，努尔哈赤在赫图阿拉内城东南隅高阜上，修建起大清的第一座文庙，开创了大清"尊孔重儒"的先例。文庙的建立，标志着后金政权开始由单纯的武力征伐向"文治"转化，学习先进的汉文化不仅是努尔哈赤主动的选择，也是历史必然。

从1636年皇太极改国号为清，到8年后多尔衮率兵入关，顺治皇帝定都北京，满族人不再是当初的女真，他们已经精通汉文化，实现了对马背文明的超越。融入中原汉文化，汇入中华民族，老罕王努尔哈赤早已为子孙做好了铺垫。

共同体

20世纪初，王承尧、翁寿开办公司对抚顺煤田进行早期开采，彼时就有山东、河北等地的汉族闯关东者来矿挖煤。日本占领和国民党统治时期，许多流离失所、背井离乡的汉族饥民，被招到矿上成为矿工。从煤矿开采的那一天起，抚顺就吸引着无数的关内汉族人来此谋生、淘金，使得这里汉族人所占比例越来越大。

1948年10月31日，抚顺解放，矿山回到人民手中。为了补充煤矿在恢复生产期间技术人员和劳动力的不足，从关内京、津、唐，山东济南和上海等地调入大批技术人才并大量招工。

1958年后的三年严重困难期间，因为东北的生活难度相对较小，关内许多省份的汉族受灾群众奔东北而来。1959年3月12日的《市关于处理盲目流入城市人口的通知》上记载，截至1959年3月10日，全市共登记收容盲目流入城市人口4703人（不包括清原、新宾两县）。

多次关内汉族人移民，使得抚顺地区的民族构成发生了变化的同时，各民族间的融合更加明显了。

如今，在抚顺市常住人口中有46个民族，他们既有共性，又保持着自己本民族的特点，生动演绎着"参差百态，乃幸福之源"的朴素道理。比如，满族有自己的满族小学，朝鲜族有朝鲜族小学、中学，民族文化习俗得到很好的传承。其中，红透山镇满族小学校还有着自己的满族民俗馆。各民族在浑河两岸安居乐业，其乐融融。无论是谋生还是求发展，一代代移民，最后都成为这个城市的一分子。他们在这里奋斗，在这里繁衍生息，各民族共同发展，成为中华民族融合的一个缩影。

革命烽火壮山河

19世纪末20世纪初，清王朝肇兴之地抚顺和浑河流域，成为俄国和日本等东西方列强争夺的焦点。浑河流域成为全国反封建、反帝制、反殖民地和半殖民地统治的最前沿，从而产生了一大批以身许国、名垂青史的英雄人物。

点燃关东革命的烽火

2022年9月3日，"浑河两岸"报道组来到浑河支流方晓河上游的顺城区会元金花村。在烂泥洼子村民组北山张氏墓地处，我们终于找到了一块墓碑，碑文上写着"张尧臣之墓"几个字。

我们见到了张尧臣的两位族人张庆志、张连和，张庆志展示了张家族谱，我们从中见到了张振声这个名字。两位老人向我们讲述了张振声、张榕的种种过往。

张振声字尧臣，是东北辛亥革命先驱张榕的授业恩师，曾创办抚顺第一所小学，抚顺第一任教育长，主持编修《抚顺县志略》，横跨浑河两岸的第一座木桥永安桥，也是由他主持募集和修建的。

1904年日俄战争爆发，目睹列强暴行，张振声曾教育张榕"洗刷国耻，振兴民族"。张榕在恩师影响下组织东北自卫军抗击日俄侵略者，并以"东北三省保卫公所"的名义发表宣言："国土存亡，端赖此策，即不成，亦足挫强邻之野心……"字里行间，凸显张榕捍卫国土，宁为玉碎、不为瓦全的决心。

经孙中山先生亲自介绍，张榕加入同盟会。1911年11月17日，以张榕为首的革命党人在沈阳成立"联合急进会"策动和组织武装准备起义。张榕、恒宝崑、田亚斌等革命党人被东北三省总督赵尔巽联合张作霖秘密暗杀。不久，张振声与248名革命党人在沈阳小河沿集体被屠杀，史称"奉天惨案"。

1912年2月，孙中山先生在南京专门为张榕等人举行追悼会，尊称抚顺的张榕为"关东革命第一人"。

唱响血盟救国军军歌

在清原满族自治县南口前镇南三家子村大山之中，安息着孙铭武、孙铭宸、孙铭久3位抗日先烈。

据南口前镇党委副书记石平、南三家村党支部书记单井鑫介绍，南三家村之所以叫南三家，是因为这个村最早是由孙、李、曹三户人家组成。"孙氏三兄弟"壮烈牺牲后，族人一起把他们埋葬在南三家的祖坟之中。

清原血盟救国军是抗战初期辽东地区最具影响力的抗日义勇军之一，主要发起人有孙铭武、孙铭宸、李栋才、张显铭等人。

"九一八"事变当天，孙铭武就在沈阳见到了好友沈阳市公安局长黄显声将军，黄将军嘱咐孙铭武回乡建立武装，收复国土。"九一八"事变不久，孙铭武立即回到清原，与好友李栋才、张显铭等人相见，众人深感亡国之耻，相约联络同乡旧僚，雪国耻、救危亡，组织武装抵抗日本侵略者。

孙铭武三兄弟几乎变卖了所有土地和财产，购买枪械子弹，决心用生命捍卫国家。这支打响辽东武装抗日第一枪的义勇军叫血盟救国军，于在清原大苏河乡虫王庙歃血为盟举行誓师大会，并用抗日口号集体创作了《血盟救国军军歌》：

用我们的血肉唤起全国民众

我们不能坐以待毙

必须奋起杀敌

中华民族到了最危险的时候

起来，起来

全国人民团结一致

战斗，战斗，战斗，战斗……

据抚顺市社科院原副院长王平鲁先生介绍，早年编写《辽宁英烈传》，曾专门采访过孙铭武的家人，亲自听他们唱过《血盟救国军军歌》，歌词结构与国歌《义勇军进行曲》类似，歌的曲调采用古曲《苏武牧羊》。

2014年9月1日，民政部公布首批300名抗日英烈名录，孙铭武名列第一位。卢然等文化学者、党史、社科专家在研究过程中一致认为，《血盟救国军军歌》等大批义勇军军歌的流传，为电影《风云儿女》提供了素材，《血盟救国军军歌》堪称"国歌母本"。

"孙氏三兄弟"先后在抗日中牺牲，这首在中国历史上产生过重大影响的义勇军军歌，是抗日先烈留给抚顺的宝贵精神财富。

凝聚抗联精神

浑河岸边，永安桥南，有一尊抚顺特支书记、抗联总司令杨靖宇的雕像。每年的2月23日——杨靖宇牺牲忌日和清明节、烈士纪念日，杨靖宇雕像前总会看到市民敬献的鲜花和酒。

去年清明节的那天，人们在雕像处不仅看到了白酒和鲜花，还听到了荡气回肠的河南豫剧《穆桂英挂帅》：

咱杨家世世代代都是军中人

磨坏了多少鞍和镫

穿破了铁甲无数身

闯江山来争乾坤

哪一仗不伤咱杨家人？

原来这是杨靖宇的河南老乡来祭奠烈士英魂来了！

杨靖宇是河南确山人，作为鄂豫皖苏区红军创始人之一，他于1929年2月，受组织委派准备通过沈阳去苏联学习军事，因为中东路事件无法出国，化名张贯一留在中共满洲省委工作，随后被派到抚顺担任中共抚顺特支书记。因为有河南口音，煤矿工人误以为是山东人，叫他张大个儿或山东张。

1929年5月1日，由杨靖宇亲自领导的"反裁员、反加班、反打骂"大罢工运动取得全面胜利，抚顺煤矿工人的工作条件、劳动报酬等得到改善，中共抚顺特支党员由过去的8人发展到24人，中共地下党外围组织"抚顺煤矿兄弟团"基本形成……领导工运的杨靖宇这时被叛徒出卖被捕。

在监狱中杨靖宇宁死不屈，经过顽强斗争，一年后他被组织营救出狱。出狱后，他与王仁斋、李红光等人一起，创建了由中共直接领导的抗联第一军。抗联第一军主力一师、三师的主要根据地就是在抚顺的岗山、老秃顶子、猴石、三块石等地。抗联将领第一师师长李红光牺牲在新宾红庙子；第三师师长王仁斋牺牲在清原筐子沟……

岗山脚下，新宾响水河子乡西面一道山岗上，曾发生过一次没有记载于抗联战史中的小规模战斗，牺牲的20多名战士就属于抗联一师，没人知道他们姓什么，叫什么，连墓碑也没有。牺牲在抚顺的有名和无名的烈士太多了，因此有学者称，抚顺，就是抗联第一军的故乡！

从1929年2月杨靖宇来到抚顺，到1940年2月壮烈牺牲，10多年时间，抚顺到处留下了他战斗的足迹。

抚顺，一座英雄辈出的城市，每当国歌《义勇军进行曲》在浑河畔响起，人们就会对这座英雄的城市肃然起敬。

艰苦创业的浩荡激情

从1901年抚顺产业工人诞生的那一天起，抚顺人的生产方式逐渐由农业文明转变为工业文明，抚顺人的居住地逐渐转变为工业都市，抚顺人的思维方式逐渐由封闭转向开放。

他们在推进共和国工业化征程的同时也塑造了自己，成为抚顺最可宝贵的资源，挺起这座城市经历风雨而不屈的钢铁脊梁。

到抚顺去

从抚顺解放到改革开放前夕，心怀国家民族的热血人士，扛起工业文明旗帜，为共和国工业发展而来、为抚顺而来。他们来自五湖四海、平凡普通，在那个火红年代挺身而出，点燃激情，照亮现实，迎来抚顺工业的高光时刻。

抚顺解放后，迅速恢复工业生产，有力地支援了全国，在东北乃至全国的影响力日益提升。新中国成立后，抚顺因煤炭资源优势、掌握炼油炼钢技术、拥有较强机械制造能力，成为共和国工业化先行城市和前沿城市。1953年，国家实施第一个五年计划，把156个项目中的大部分建在东北，把大伙房水库、辽宁发电厂、抚顺铝厂电解铝等8个重点项目放在抚顺。"到抚顺去！"成为那个时代的强音。

为抚顺而来、为产业发展而来、为共和国走上工业化道路而来的革命老区的党员干部和海外同胞、发达城市的精英人才及大学生，迅速融入项目建设、融入科研攻关、

融入社会主义建设的伟大实践之中。他们经历不同、资历不等，但为共和国工业腾飞之心是一致的。原国家计委第一副主任贾拓夫到辽宁发电厂任代理厂长的两年间，建立健全企业规章制度，为全国工业企业恢复正常生产生活秩序提供了经验，更为改革开放后辽宁发电厂成为中国火电企业管理一面红旗打下坚定的管理基础。时任宁波地委副书记韩少伊来抚顺铝厂任党委副书记，后任党委书记。在企业工作期间，他发动党员群众支持厂长搞好企业管理，把抚顺铝厂建成世界一流企业、中国铝工业的"母厂"。

为发展铸魂

共产党人红色基因与工业革新的实践结合，为抚顺工业产业发展铸魂。

1954年，时任辽宁省公安厅副厅长张矗向省委主动要求到工业生产一线去，出任辽宁发电厂项目负责人，此后，他置身群众中，虚心求教，迅速从外行成长为内行，他带领大家把辽宁发电厂建设成为当时亚洲第一大火力发电厂。

毕业于西北联大物理系的中共党员吴峰桥，在抚顺解放后的第6天，出任抚顺矿务局制钢厂（今抚顺特钢）军代表，吃住在厂，和工人交朋友，在进厂一个月时炼出第一炉钢，在不到一年的时间里试制出滚珠轴承钢、我国第一炉用于制作车刀的锋钢、我国第一炉六角中空钢，1956年制出我国第一炉GH30高温合金钢，使抚顺特钢始终处于全国特钢第一方阵。

新四军老战士殷鉴明任龙凤矿党委书记后，龙凤矿成为全国第一个预排瓦斯的矿井；年仅27岁的彭炳坤出任西露天矿副矿长后，有计划地开采煤炭资源，成为计划经济范式，全国推行。

1953年10月，唐海由东北人民政府石油管理局副局长转任抚顺石油一厂厂长后，页岩原油产量由1953年的24万吨提升至1958年的32万吨。美国留学回国的化工学士和科学硕士杨伟1950年5月来抚工作，组建东北石油管理局抚顺研究所（抚顺石油化工研究院前身），主持"页岩干馏气体中气体汽油回收"等课题研究，为石油一厂、石油二厂增产汽油提供科学支撑。这也是共和国第一桶汽油的由来。抚顺石油三厂厂长李曙光主持环己酮产品开发项目，为我国化纤工业发展提供了重要数据。他促成中国石油战线"五朵金花"之一的催化重整工艺装置落在抚顺，为后期大庆炼油厂的铂重整工业装置投产创造了条件……

在那个呼唤英雄和英雄辈出的年代，张宝琛、周有奎、李学生等一批有情怀、有担当的企业领导者，把先进的管理思路、生产技术带到了抚顺。到改革开放前，抚顺成为工业产业门类齐全、各类企业蓬勃发展的重化工工业城市。

为工业筑基

在劳动公园的坡上，矗立着一座纪念碑，上面写着两个普通工人的名字：一个是45岁的李文生，一个是25岁的刘洪林。他们在1950年3月9日为抢救集体财产英勇牺牲。4天后，市委追认李文生、刘洪林为模范共产党员、劳动英雄，在劳动公园筑墓立碑。为普通工人树碑，为劳动人民立传，这在抚顺历史上是第一次，表达了共产党人对产业工人、对劳动英雄的敬意。

享有崇高地位的工人阶级发扬主人翁精神，依靠诚实劳动、辛勤劳动、科学劳动，克服一个又一个困难，创造了一个又一个奇迹，书写了一个又一个感人故事。学者卢然曾深情地写道："在抚顺煤矿，张子富带领采煤突击队抢生产进度，连续33天不回家；王文财带领采掘队扑灭烈火，几天几夜不离火线；'矿山小铁人'的魏兆祥，结婚当晚悄悄拿起饭盒照常上班；本该回家探亲的孙树忠仍坚持上班，不幸被大火烧成重伤，导致左手无名指和小指粘连在一起，领导建议他离开采煤一线，他猛地伸出右手，抓住粘连的左小指用力一撕，硬把粘连在一起的手指掰开了，毅然重返采煤一线……"

攻坚克难，艰苦创业。新中国成立初期，百废待兴。恢复抚矿电铁运输信号系统缺电线，闻其祥主动向军代表请缨，带人从交通沟里挖出电线3万多米，让30里电车信号亮起来，让抚矿运输主动脉畅通起来。在恢复生产期间，他带来干粮和咸菜进工地，一连40多天不回家。他收徒弟92名，把自己的家变成了职工夜校。

当家作主，无私奉献。新中国成立后，抚顺发电厂锅炉运行班班长刘金良建立健全班组管理制度，创下安全运行201天的纪录，发电煤耗由1949年的1000克标准煤/千瓦时降低至1952年的610克标准煤/千瓦时，年节约优质煤2.3万吨。时任水电部部长傅作义来厂祝贺，将"刘金良节煤操作法"推广到全国。

打破封锁，自主创新。抚顺挖掘机厂从"一五"时期开始试制挖掘机，1955年到1957年先后试制成功计容量为0.5立方米、1立方米、3立方米挖掘机，1958年开始批量生产。翻开《抚顺科学技术志》，几乎写满了抚顺的创新与突破，充分展现出中国大工业场景下的抚顺人的豪迈气魄。

经过十多年的发展，在抚顺这座先行工业城市淬火成钢的建设者开始奔向祖国的四面八方，反哺社会主义建设，成为现代工业的播火者。据《抚顺市志》记载，1961年人口净流出5.9万人，其中城市人口净流出5万人。这些净流出人口中的大多数去支援"大三线""小三线"建设，像星火一样点亮工业化未来之路。

　　抚顺矿务局派出精兵强将支援新疆、四川、山西、广东、内蒙古等地建设几十家大中型煤矿。数万名抚顺矿工落户他乡，成为当地煤炭工业发展生力军。截至1985年，抚顺发电厂曾向360多个单位输送职工2436人。刘金良也在其中，他先后在吉林热电厂和青海烧锅炉。

　　新中国成立初期，抚顺人民意气风发、干劲十足地投身于社会主义建设中。他们在平凡的工作岗位上，以不平凡的主人翁责任感和艰苦创业精神，以高尚忘我的劳动热情和奉献精神赢得社会尊重。

敢闯敢拼的基因密码

改革开放的东风吹拂浑河两岸，这片古老而又年轻的土地上，涌现出一批敢为人先的抚顺人。他们敢想敢干、敢闯敢拼，他们无畏险阻、奋勇向前的奋斗姿态，永不言败、永不放弃的进取精神，为抚顺发展提供着澎湃动力。

敢闯敢干

抚顺的特殊历史文化，像一团浓缩的"酵母"，在现代抚顺人群体中不断传承、发酵。自改革开放以来，涌现出一批又一批敢想敢干、敢拼敢闯的企业家和新农民。

朱宝仁是新宾满族自治县北四平乡北汪清门村农民，仅1984年他家纯收入就达7万余元，是改革开放后我市第一批"万元户"之一，同时也是我市农村第一个人均收入达万元的家庭。

1980年，敢闯、敢干的朱宝仁承包了村里没人理会的集体砖瓦厂。他把全部的精力都投入到砖厂，次年，砖厂的收入就超过了1万元。实行包产到户后，朱宝仁没有把目光只盯向砖厂，而是转向了林下参种植，通过转包和购买，很快就有了1000余帘的参场。随后，他又敢为人先，在村里开办了第一个商店、第一个饭店，不久又承包了村里的木器加工厂，开办了土豆粉加工厂。创造了村里多个"第一"的朱宝仁成了远近闻名的农民企业家。

改革开放前期，姜铁军白手起家，成立了兴京黏合剂厂。当时，他的生产设备非常简单。牙膏皮做的包装盒，尖嘴钳子就是封口器，水桶就是用来调和的反应釜。虽然拼尽了全力，但当时产品并不畅销，于是，姜铁军有了一个大胆的想法——上央视打广告。有了这个想法，姜铁军便孑然一身来到北京。经过多次失败，他也不气馁，而是反复寻找新的办法，最终，他感动了央视的多位领导，中央电视台也第一次破例将姜铁军的创业故事和产品面向全国进行了宣传。可以说，如果没有姜铁军当初的敢想敢干，也就没有了抚顺、全国胶粘剂行业的第一个中国驰名商标"哥俩好"。在今天，"哥俩好"也在不断地做大做强。姜铁军也成为抚顺市民营企业家中第一个市级劳动模范。

成功，来自开拓者的胆识和创业的艰辛。1982年初，杨世川带领56名年轻农民办起了汽水厂，仅用两个多月的时间就生产出了汽水，可销路不畅。有人气馁、动摇，有人说趁早停下，可杨世川却有一股子不服输的犟劲。他外出学技术、学管理，终于稳定了汽水质量，使企业有了转机，1983年，企业产值一下子突破了50万元，产品呈现了旺销的局面。再后来，杨世川先后承包小型客运线路，开发花园小区，投资餐饮行业，以先知先觉在抚顺闯出了一片天地。

20世纪80年代初，抚顺红砖一厂只有一条生产线，年产量800万块红砖已不能满足市场2300万块的需求量。每天到抚顺红砖一厂拉砖的人和车排起长龙。而扩大生产能力，需资金1800万元。如何筹资呢？此时中国人民银行抚顺市分行抚顺办事处负责信贷计划的胡颂华向市建委、市人民银行报告，建议发股票来解决。抚顺市政府、市建委觉得此法较好。1980年1月1日红砖股票正式发行。1月28日有200多家企业认购，280万元股票认购一空，大功告成。新中国改革开放后最早的股票就这样问世了。红砖股票发行后，红砖厂不到1年就扩大了生产线，产量翻了一番。

1984年8月1日，新宾响水河乡小荒沟村农民胡维千自营的大客正式上线，是我市农民开展私营客运的第5台车。该车的上线，对当时的国营客运是个补充，也为当地群众带来了方便。除了搞客运，胡维千还是个多种经营能手，他一家7口人，承包了20亩土地，经营了140帘人参，还有一处200多株果树的果园，仅1983年，他家的净收入就达8000余元。

44年前，新宾响水河子公社豹子洞村发生了一场变革，将一群人推到风口浪尖，如今，这里被誉为辽宁包产到户第一村，是拉开农村改革开放序幕的最前沿。

2022年已过七旬的郑洪喜是当时响水河子乡武装部部长，他回忆说，当年豹子洞四队队长秦传友等人萌发包产到户的念头。上级没有任何文件，他也只是看到了报纸上的一篇文章：偏僻落后地区可以尝试不同的有利于生产力发展的方式，于是便想要顺应民意支持秦传友实行包产到户，秦传友也就成了"第一个吃螃蟹"的人。结果一年下来，秦传友所在的豹子洞四队粮食竟多打出30余万斤，较以往翻了好几番，十年穷队，一年翻身。2019年，秦传友在世受访时说，当时他也怕，但有工作组支持，有社员支持，他就不怕了。

44年，只是历史的一个瞬间，抚顺的创业者们就像识途的老马，拉动车轮，在浑河两岸留下深深的辙印，写入历史的画卷。

拼搏在外

"天上有个赵宝桐，地上有个赵亚鹏"，是抗美援朝时期，在志愿军空军第三师中流传的赞语。意思是说，空中击落击伤敌机最多的要数赵宝桐，地面安全保障最好的要数赵亚鹏。这个"胜利表现在空中"的飞行人员赵宝桐正是我们抚顺走出去的战斗英雄。

赵宝桐1928年出生于抚顺市，1945年8月入伍。解放战争时期，他参加过辽沈战役、解放抚顺及武汉三镇等战役战斗，是新中国第一批飞行员。在抗美援朝战争中，他英勇作战，创下个人击落击伤敌机9架、所率中队击落击伤敌机17架、所率大队击落击伤敌机30架的光辉战绩，荣立特等功两次，并荣获一级战斗英雄称号。

和赵宝桐一样，李中华也是抚顺走出去的英雄。1961年9月，李中华出生于抚顺新宾满族自治县，1983年7月毕业于南京航空航天大学，毕业后招飞入伍。入伍以来，李中华历任飞行员、中队长、副大队长、大队长、参谋长、副团长，为空军特级飞行员。入伍23年来，李中华安全飞行2250小时，正确处置空中险情15起，空中重大险情5起，先后参加并完成了十余项重大科研试飞任务，在新机鉴定试飞和新技术验证试飞中填补了两项国内空白。

"风烟滚滚唱英雄，四面青山侧耳听……"这首《英雄赞歌》想必所有的中国人都耳熟能详，但这首歌的原唱是谁恐怕鲜为人知。它的原唱，正是抚顺籍歌唱家张映哲。张映哲1928年出生，1947年1月参加中国人民解放军，历任文工团合唱队队长、空军歌舞团独唱演员、副团长、北京声乐研究所副所长。时至今日，她为电影《英雄儿女》录制的插曲《英雄赞歌》一直影响广泛，被几亿人传唱。

中国工程院院士、中国航天与导弹领域的顶尖专家陈福田是从抚顺走出去的又一位为国家发展做出突出贡献的"牛人"。他曾任中国航天科技集团公司第一研究院型号系列总设计师、国家某重点型号导弹总设计师。在工作的50年间，他领导了我国第一代地地固体常规导弹武器系统的研判，填补了我国近程常规导弹的空白，使我国导弹技术达到国际先进水平。

多年来，从抚顺走出了很多体坛名将，其中最为大家所熟悉的就是世界冠军王楠，这个抚顺姑娘让国歌一次次奏响世界大赛的赛场。王楠7岁开始打球，1989年进入辽宁省队，1993年入选国家队，2000年悉尼奥运会单打、双打冠军，2004年雅典奥运会双打冠军，2008年北京奥运会单打亚军、团体冠军。2006年不来梅世乒赛夺得女团冠军后，王楠成为中国夺得世界冠军最多的乒乓球选手，获得的世界冠军达24个。

多年来，从抚顺走出的享誉国内外的人还有很多，体坛的韩天宇、高峰、贾宗洋；文坛的陈凤翚、王祥夫；影坛、歌坛的佟大为、于和伟、赵英俊……他们是抚顺人的骄傲。

创造更美好的未来

进入新时代，奋斗是时代最强音。抚顺涌现出了一批又一批具有时代特质的楷模。

他们所展现出来的是新时代抚顺人的气质与风貌，他们用奋斗书写的新时代抚顺最瑰丽的篇章，成为新时代抚顺人的精神坐标。

乡村振兴的领头雁

乡村振兴意在促进农村经济、文化、社会、生态的全面发展和整体提升。在抚顺大地、浑河两岸，有一群代表人物，他们脚踏实地，用勤劳智慧描绘出乡村振兴的美丽画卷。

徐等一是东北地区的中药材种植专家，他率先将野生龙胆草成功归圃种植，取得了经济价值和种植技术的双丰收。除了龙胆草，徐等一还先后研究成功了玉竹、苍术、威灵仙、辽藁本、黄精等十多种野生药材的人工种植技术。每一种药材人工种植成功，徐等一都会把种植技术无保留地传授给乡亲们。如今，徐等一所在的村子成了远近闻名的药材村，龙胆草也成为国家地理标志产品。徐等一通过不懈的努力和奋斗用一株株草药富了一个村，成全了一个镇，带动了一方特色产业的发展。

近年来，位于上夹河乡的中国北方根艺市场越来越享有盛誉，这份成就的取得有着老一代根雕艺人的慧眼和精益求精，也有着新一代根雕艺人的传承与精进创新。

付伟是根艺市场一名年轻人，从师范类院校毕业后，在外地一所学校当过老师，后来考入了一家很不错的国企，再后来，他选择回到家乡。原因很简单，他说，外边的天地虽然辽阔，但家乡同样可以给他一片沃土。回到家乡后的付伟开始跟父亲精进雕工，并打破了传统销售模式，开启了网络直播，无限扩大着新宾根艺的"朋友圈"，让更多的人在网络

"遇见"新宾,"遇见"抚顺,以文化之力助力乡村振兴。

新宾满族自治县菇满香香菇种植专业合作社理事长王明芳,是一位在辽东地区响当当的农民企业家。近年来,她潜心研究香菇、黑木耳等食用菌产业发展,成为苇子峪镇杉松村及周边五六个村子创业致富的领路人。苇子峪镇杉松村曾是远近闻名的贫困村。2015年,掌握了香菇种植技术的王明芳通过采取"公司+合作社+基地+农户"的产业模式,流转土地、建大棚、做菌棒,合作社吸纳农户入股,提供技术指导,农户分户经营。多年来,相继建起307个暖棚、冷棚,产值在1200万元至1500万元之间。农户依靠在基地种植、打工、分红每年总收入300多万元,人均收入约2.5万元,过上了梦寐以求的富裕生活。

奋斗一线的大国工匠

在抚顺发展的征程中,涌现出一大批高技能人才和大国工匠。他们生动诠释着"执着专注、精益求精、一丝不苟、追求卓越"的工匠精神。

中国石油抚顺石化工程建设有限公司信息技术研发中心主任刁克剑被誉为"企业里的爱迪生"。他研发的多项科技成果达到世界或国内先进水平,其中6项技术填补国内空白。他负责的国家五年规划项目"机械密封早期预警监测系统"研究课题,仅用不到两年时间就取得突破。近年来,一些国外知名企业纷纷恳请他到国外发展,但都被他婉拒。

抚顺特钢车工专家张辉自入厂以来,一步一步由普通工人晋升为技师、高级技师、工人技能专家,他先后出色地完成了离心铸管机及附属设备、无心式修磨机、九辊矫直机、真空自耗炉等不同设备中的关键零部件加工,并自制了工、夹、胎具等30多项小发明小改造。仅2016年,他带头攻关立项的提高削皮材效率项目就为企业带来直接收益543.6万元。

中国石油天然气第八建设有限公司焊接技能教师刘宇志,坚守31载焊接路,培养了大批焊接技能人才。以他名字命名的"省级劳模创新工作室""国家级技能大师工作站"是具有技能培训、科研开发等为一体的综合性工作室。400多台设备、5000多吨重量、9000多万元产值……这些数字是刘宇志近年来参与项目成果的最好见证。

扎根浑河两岸的新抚顺人

南来北往,五湖四海。无论是谋生、寻求发展还是保障一方,抚顺吸引了众多外乡人来到这里投资兴业、安居乐业。他们有的将青春献给了抚顺，有的将智慧献给了抚顺。他们在浑河两岸繁衍生息，抚顺已成为他们的第二故乡。

来抚顺11年的湖南人何爱雄、刘美玲夫妇扎根石化早市，把一间"上海小馄饨炸酱面"开成了远近闻名的"诚信馄饨"，不但广受抚顺市民喜爱，还登上了央视新闻。

这间早餐馆供应的餐食很单一，只有馄饨、面条和馄饨面而已，独特之处在于收银方式——不管现金支付、找零还是线上支付，全凭食客自己动手，夫妻俩只顾闷头包馄饨、煮馄饨、下面条。5年前，两口子在抚顺开了分店，由大儿子何栋独立经营。何爱雄说，他的孙子明年也要来抚顺念书，他们一家会将"诚信馄饨"一直开下去。

1998年，周正鑫入伍来到抚顺雷锋生前所在部队，随着对抚顺的了解不断加深和学雷锋信念的不断坚定，服役期满后，周正鑫决定留在抚顺创业发展，并把小家安在"离雷锋最近"的望花区，决心闯出一条为雷锋老班长争光的创业之路。创业伊始，周正鑫摆过地摊、卖过烧烤、跑过运输，在2006年，他注册成立了明鑫装饰公司，每天用双手为别人塑造新家，为自己和家人争取更好的生活。除了实干精神，周正鑫还用行动擦亮雷锋传人的底色，他曾冒生命危险救下自燃车辆内的一家五口，与社区孤儿结成帮扶对子，通过所在的山东商会跨地区捐款捐物，参与志愿服务。

田大信，是一位来抚顺投资兴业的山东淄博人，1999年在山东创办淄博信业化工有限公司。2001年，在到抚顺考察之后，他便爱上了抚顺这块热土。次年4月，就在抚顺高新区投资建厂，成立抚顺顺特化工有限公司，开启了在抚顺的创业历程。公司成立第二年，建成年产2000吨的原甲酸三乙(甲)酯装置及年产1000吨的DL-泛解酸内酯，实现当年投产当年达效。在2017年和今年，田大信又分别自筹资金投资扩建增项。目前，抚顺顺特化工已有20年的建厂历史，田大信也与抚顺大地深深地融合到了一起。他勇于创新，带领着企业坚毅前行，全力向"创一流品牌，树百年基业"迈进，努力为抚顺的经济发展贡献着自己的力量。

一条河、一座城、一幅画、一批人，这是对抚顺这座城市最简约的勾勒。一河之水孕育了两岸生命，一城之人壮美着城市山川，千千万万正在奋斗的抚顺人，奏响了新时代奋进的华美乐章。

在雷锋短暂的22岁生命里，最后两年零四个月是在抚顺度过的。在这短短28个月的时间里，雷锋从一个刚入伍的新兵，成长为伟大的共产主义战士，并与抚顺人民结下了深厚的情谊。

抚顺被称为雷锋精神的发祥地。多少年来，一代代抚顺人在雷锋精神的感召下向善、向上，并将雷锋精神作为城市的灵魂和精神坐标。人们在用"雷锋"这个名字为自己的城市加冕的同时，也将雷锋精神内化于心、外化于行。

雷锋与抚顺

1960年4月7日，为援建抚顺钢厂，雷锋随部队从营口来到抚顺。到抚顺仅8个月，《抚顺日报》便以一个整版的篇幅报道了他的先进事迹；从军1年，他被选举为市人民代表。解放军原总政治部整理出版的《雷锋日记》共145篇，其中有120篇写于抚顺。1960年4月7日到1962年8月15日，抚顺记录了雷锋一生中最光辉的篇章。据2000年公开出版的《雷锋全集》，雷锋自己正式记载下来的在抚顺期间做过的好人好事有30多件。雷锋在抚顺两所学校担任校外辅导员，辅导学生700余人；参加上寺水库抗洪抢险，奋战七天七夜，圆满完成任务；在抚顺留下了带病帮助建筑工地推砖、雨夜送大嫂、"雷锋出差一千里、好事做了一火车"等耳熟能详的感人故事……

抚顺人对雷锋有很深的感情。雷锋牺牲后，时任市委书记沈越将自己为老母亲准备的寿材献了出来。1962 年 8 月 17 日，抚顺召开"公祭雷锋大会"，万人空巷，十几万群众主动前来送葬。

1962 年 10 月，雷锋牺牲两个月后，抚顺举办了"雷锋烈士事迹展览"，在全国第一个成立了学雷锋小组，是全国最早开展学雷锋活动的城市。抚顺还以雷锋的名字命名了学校、街路、场馆、机构……"雷锋"，在人们的生活中，经常响起。

那个有着温暖笑容的小战士，住进了抚顺人的心里。人们仿佛依然能从街道、学校、工地、车站……看到那个热心而快乐的身影。雷锋，成为抚顺人精神世界的"常住民"。

百姓雷锋

60 年来，雷锋从来没有离开过抚顺这座城市，抚顺人一直将雷锋作为道德楷模，将雷锋精神作为精神引领。雷锋精神，早已成为城市精神的一部分，成为城市性格的一部分，润物无声地内化为许多市民的思想自觉。"全国爱国拥军好妈妈"胡玉萍、"全国学雷锋先进个人"邓凤兰、"优秀人民公仆"张百川、"党的基层好干部"赵景顺、"全国道德模范提名奖"王海等一大批各时期学雷锋典型，不仅引领着抚顺城市风尚，还将抚顺人的精神风貌展现于全国人民面前。

从 20 世纪 60 年代的扶老携幼、助人为乐的身影，到新世纪立足岗位学雷锋的有力脚步……诞生于普通市民中的"雷锋"，用行动耸起了城市的精神山峰。

见义勇为军魂不变的老兵白涛；"缝补"钢板三十载、活计精确到百分之百的工匠刘宇志；为生计跑单更为生命"抢单"的外卖小哥卢旭东；数十载桃李压枝授业解惑的教师张金勇；心里装满群众总是热肠丹心的基层辅警丁龙；一通电话抢回一家五口人生命的"红烛妈妈"张雅丽……这是 2022 年抚顺人评选出的第十六届"百姓雷锋"，在纪念毛泽东等老一辈革命家为雷锋同志题词 60 周年的日子里，11 位"百姓雷锋"年度人物、5 支"百姓雷锋"优秀团队接受全市人民的褒奖和礼赞。

在抚顺，评选"百姓雷锋""最美人物""身边好人""雷锋号"先进集体等各级各类学雷锋先进典型，已成常态。特别是至今已经连续 17 年的"百姓雷锋"评选，涌现出 175 位"百姓雷锋"、55 支"百姓雷锋"优秀团队。这些百姓雷锋，感动我们的事迹各不相同，但他们却有着共同的特点，他们都是我们身边的普通人，他们用实际行动演绎着一个朴素的道理：只有平凡的灵魂，没有平凡的人生，他们有着共同的名字——雷锋。

广播雷锋精神的种子

大力弘扬雷锋精神已成为许许多多抚顺人的行动自觉。他们将雷锋精神的种子广播在祖国大地上。

在火车上挺身救人的"最美女医生"、在重庆跳进长江勇救落水儿童英勇牺牲的大学生李恒太、在大连打工时火中奋勇救工友的洪博洪玉兄弟，还有不久前，为解外地来抚卖葱母子困境而发起网络救助的众多市民……他们身上无不带着雷锋城的精神基因，他们使雷锋城抚顺的名字更加响亮。

当拾荒老人郝洪礼将捡到的巨款放到失主手里的时候，雷锋精神的光辉在这一刻是那么的耀眼。抚顺矿业集团公司退休工人郝洪礼，6个儿女全下岗，老伴体弱多病。他在北京拾荒时，捡到了一个装有19万元现金的背包，在料峭的寒风中守候了一个多小时，最后和民警一起找到了失主。老人说："我是抚顺的，不能给雷锋城丢脸。"

像郝洪礼这样，不忘自己是雷锋城的人何止他一个。

追随雷锋60年，抚顺人比谁都明白"平凡中孕育伟大"的朴素道理。没有高不可攀，雷锋精神人人可学，不必轰轰烈烈，人人学雷锋，人人皆可成"雷锋"。在抚顺，雷锋纪念馆、雷锋小学、雷锋中学、雷锋学院……一处处雷锋文化阵地将雷锋精神的种子播撒在抚顺大地，植根于百姓之中，植根于抚顺人心底……追随雷锋60年，抚顺涌现出了成千上万的学雷锋组织、学雷锋服务队以及学雷锋志愿者。他们以自己的行动弘扬着雷锋精神，使雷锋精神由先进典型的个体精神，发展成为市民的群体精神。

最是乡音动心弦

千百年来，以中原汉族为代表的、先进的农耕文明和以少数民族为代表的渔猎文明，在浑河流域不断交汇、彼此融合，激荡起新的、绚烂的文明形态。特殊的山川地理和文明进程，塑造出抚顺地区独特的人文品格，并对抚顺人群体性格产生重大影响。

一看就是敞亮人

一方水土养一方人。抚顺既有多民族聚居的历史，也有新兴工业化城市的特色，特殊的区域发展变化，铸就了现代抚顺人的性格特征。"敞亮""包容""热情""不排外""广交朋友""乐于助人""讲义气"等成了外地人评价抚顺人最多的词汇，其中"敞亮"最具代表性。

"敞亮"一词的本义是形容房间的通透与宽大的，但如今，在东北，尤其是在抚顺，"敞亮"一词又被赋予另一层意思，即判定一个人的性格秉性、为人处世是不是爽快的一个"标尺"。敞亮，表现出来的是东北人尤其是咱抚顺人的性格特质：豪爽，包容和信义。敞亮，还表现出咱们抚顺人的侠肝义胆，传承的是中华民族千年不绝的"仁、义、礼、智、信"的美德。

抚顺人的敞亮还体现在活跃、大方，说起话来粗门儿大嗓，就连姑娘们也不例外，少有那种柔柔弱弱温温婉婉。抚顺人的活跃、大方不仅对熟人，对陌生人也是一样，明明第一次见面，唠一唠起来，就好像从小就认识，立刻就成"老朋友"。可以说，如果一场聚会里有一

个抚顺人，那肯定不会冷场。

总而言之，抚顺人坦诚、耿直、爱恨分明、不拐弯抹角，但这样的性格同时也有弱点，虽然外向、进取心强，勇于面对现实生活中的挑战，但也有逞强好胜的一面。

天生自带的幽默

有南方人形容东北人，"即便被生活打趴下，也要讲个笑话"。而抚顺人想说，这都是祖祖辈辈传下来的生活热情和生存智慧。"一到冬天就没吃的，一没吃的就吃土豆白菜，一周换7种做法。"这是每一个抚顺人的记忆。也正是因为如此，抚顺人天性乐观。因为，人们早已习惯了大自然的苛待，东北话中的活泛，是在用语言跟困难周旋。

冷，是每一个东北人都忘不掉的感受。抚顺作为辽宁最东部的城市，每到大雪封门的冬季，土地长不出庄稼，唠嗑就变成了熬过寒冷农闲的利器。长久以来，抚顺人的乐观和悠闲，造就了语言的幽默、诙谐，"神农尝百草——什么毒没见过""戴草帽啃西瓜——连个眉眼高低也看不出来""拆房子先锯排山桩——立刻散架子""散场敲锣——没戏了""二亩地里一棵草——独苗""洗脸盆里扎猛子——不知深浅""铁岭的葱，开原的蒜，抚顺的姑娘最好看""小野雀想斗老家贼，也没看看我是谁""立冬不端饺子碗，冻掉耳朵没人管"等一系列地头嗑、炕头嗑、俏皮嗑流行。"假牌超速潇洒，拘留丢证麻爪""不能搁屋吃，只能提溜走"等等极具地方方言特色的俏皮宣传语和广告语也会让人过目不忘。可以说，在脱口秀还没萌芽的时候，东北各城市已经围在炕头说单口相声了。

抚顺是个重工业城市，厂矿多、车间多，在产业工人间又形成了大量的车间嗑、班组嗑。工友们喜欢呼朋唤友，又形成了一定的"聚会嗑"。也正是因为这样的性格和环境造就了抚顺人独特的语言风格，幽默，爱自嘲和"互黑"。即使是"你瞅啥！""瞅你咋的！"这种斗气话，也慢慢成为抚顺人口中互相调侃的话。

对于自嘲，美国著名心理学家卡耐基在《人性的弱点》里写道："自我解嘲，是以另一种坦然的心境向着光明走，黑暗，永远只会留在我们的脚后。"很多时候，自我解嘲的人看似自曝其短，其实，是以一种高级豁达的精神面对这个世界。

最招笑的抚顺嗑

一首名为《全世界都在说东北话》的歌曲里唱道："嘎不溜脆的东北话，嗯呐咋的嘎哈啊，贼拉逗的东北人，贼拉逗的东北话，奔儿喽头，波棱盖儿，冬天也要露搿腕儿……"几句简短的歌词唱出了东北话里浓浓的东北味，也唱出了东北话的受欢迎程度。

东北话是东北文化最重要的一部分，是几千年来不同文化碰撞形成的一种极具文化底蕴的语言，一直以来都自成一派。抚顺嗑源自东北话，即便一些很平常的话，用抚顺嗑一唠，自带幽默元素。一口流利的抚顺话，就是独特的"东北式幽默"。"犟眼子、猫冬、手指盖儿、贼、老鼻子、梆硬……"这些词汇要不是土生土长的抚顺人或者东北人，想必很难懂得其中的原意。

在抚顺嗑里，通常一字一词有着多种含义。例如，在东北人口中，有一种愤怒叫"急眼"，有一种喜欢叫"稀罕"，有一种地方叫"那旮瘩"，有一种骨头叫"波棱盖"，有一种故意叫"静引儿"，有一种关系叫"杠杠的"；有一种范围叫"整个浪儿"，有一种炫耀叫"嘚瑟"；有一种吃零食叫"闲嘎嗒牙"；有一种可能叫"备不主"；有一种污渍叫"河楞"；有一种脸部脏叫"魂画地"；有一种搞事情叫"整事"；有一种询问叫"嘎哈"。透着浓浓地方特色的抚顺嗑，饶舌、接地气，加上抚顺人直来直往的性格，听着既亲切又让人忍俊不禁。实际上，在我国大部分地区，都有当地特色的方言和土语，比如：闽南语、粤语、四川话、陕西话、上海话……而作为靠近普通话的东北话，其实是最易懂好学的。

在历史的长河中，多种文化的碰撞，造就了抚顺人幽默风趣的语言风格，汇聚了历史、文化、内涵、包容性等多种元素的抚顺嗑也成为这座城市独特的文化魅力。

杨靖宇（1905年2月—1940年2月23日），原名马尚德，字骥生，河南省确山县李湾村人，中国共产党优秀党员，无产阶级革命家、军事家、著名抗日民族英雄，鄂豫皖苏区及其红军的创始人之一，抗联的主要创建者和领导人之一，他率领东北军民与日寇血战于白山黑水之间。

清王朝的奠基者，通满语和汉语，喜读《三国演义》。25岁时起兵统一女真各部，平定中国关东部，明神宗万历四十四年，建立后金，割据辽东，建元天命。萨尔浒之战后，迁都沈阳。之后席卷辽东，攻下明朝在辽70余城。

天命十一年（1626年）兵败宁远城之役，同年4月，努尔哈赤又亲率大军，征蒙古喀尔喀，7月中旬，努尔哈赤去世，葬于沈阳清福陵。清朝建立后，尊为清太祖。

『试飞英雄』李中华

杨靖宇

『世界冠军』王楠

爱新觉罗·努尔哈赤

1961年出生于抚顺新宾满族自治县。1983年入伍。先后驾驶和试飞过歼击机、歼击轰炸机和运输机等3个机种27个机型，安全飞行3150小时。先后正确处置空中险情15起，空中重大险情5起；参加并完成了10余项重大科研试飞任务；在新机鉴定试飞和新技术验证试飞中填补了两项国内空白。

1978年10月23日出生于辽宁抚顺，乒乓球运动员，现已退役。

7岁开始打球，1989年进入辽宁省队，1993年入选国家队，获2000年悉尼奥运会单打冠军、双打冠军，2008年北京奥运会单打亚军、团体冠军。王楠获得世界冠军24个。

徐等一，1961年生，东北地区有名的中药材种植专家。他率先将野生龙胆草成功归圃种植，并带领群众大面积生产，名传东北三省，被誉为"东北药王"。他勇挑重担，带领村民种药材发家致富，把自己掌握的种植龙胆草、玉竹等的致富技能、方法、经验毫无保留地传授给周围群众，他所在的椽子沟村成为全省的"药材生产专业村"。

抚顺满族秧歌，也称地秧歌、"太平歌""鞑子秧歌"，是一种古老的民族特色和地域特色极为浓厚的传统舞蹈形式，是抚顺地区满族人民的代表舞蹈。主要流传在辽宁省抚顺市新宾满族自治县一带，是深受满族儿女喜爱的自娱自乐的民间舞蹈，现在是国家级非物质文化遗产。

雷锋

东北药王

龙凤矿竖井

抚顺地秧歌

原名雷正兴，出生于湖南长沙，中国人民解放军战士，共产主义战士。1960年，雷锋参加中国人民解放军，同年11月加入中国共产党。1962年8月15日，雷锋因公殉职，年仅22岁。雷锋在抚顺生活了两年零四个月，从此便"留"在了这里。2019年9月25日，雷锋被评选为"最美奋斗者"。

俗称"大架子"，位于东洲区龙凤路东段，原龙凤矿办公楼北，西距抚顺市中心10公里，是原龙凤矿的主要采煤设备。

竖井楼建造于20世纪30年代，楼高63.1米，整个建筑呈"T"形，采用型钢建造，红砖砌壁，是当时抚顺市标志性建筑。

龙凤矿竖井所反映的既是一部日本帝国主义对中国的经济侵略史，也是我国工业发展史和世界工业文明发展史的一个缩影。因其在抚顺城市史和世界工业文明史上的独特地位，成为2003年3月公布的第六批省级文物保护单位。

乾坤有精物
至宝无文章

浑河西岸

第四篇

浑河浩荡，人稠物穰。谁又知道抚顺的物产，曾影响过王朝更迭，历史走向呢？

明朝灭亡，清朝兴起，其寻火索就与辽东人参和马匹贸易相关；清朝末年，日俄东北战争侵略的结果，让日本侵略者获得了煤炭、钢铁、森林等资源的主导和支配权；新中国工业化革命和以浑河为中心的辽宁城市群兴起，也都与这旦的物产资源紧密相关。

当我站在顺城区前甸镇关岭的山岗上，凝视浑河北岸与章党河之间那片土地，这处占地380万平方米、曾经由5655米的圈墙围成的地方，就是闻名于历史的抚顺马市。抚顺马市距浑河只有500米。在大伙房水库建成以前，苏子河与浑河、浑江、鸭绿江这条东北亚走廊，在抚顺段有一条称之为新城玄菟的古道，俗称罕王路、东边道，水路旱路并驾齐驱，可以直达抚顺马市。

赶马辽东，泊船靠岸，那时抚顺马市的欢歌，有来自蒙古高原的烈马，有来自辽东和长白山区的物产，人参、毛皮、蜂蜜、蘑菇、木耳、榛子、松子与中原的铁器、布匹、食盐、茶叶、粮食交织在一起。从元末到清初，抚顺马市历时200余年，从过去三日一易，到后来一日一易，是东北少数民族与中原王朝交换生活物资的主要市场，也是当时全国乃至全世界最大的人参贸易市场。

"两岸大野，率皆耕垦，农人与牛，布散于野"，以上历史记载说明建州女真已经从采集物产的渔猎部落，转变成半渔猎半农业的生产模式。生产力的提高和抚顺马市的巨大贸易量，让占尽天时地利的建州女真迅速壮大。

古代中医宝典里，人参被列为药中"上品"。明朝万历三十七年（1609年），御史熊廷弼为抑制女真人经济发展，将女真与明朝互市的边境市场关闭，不许女真贩卖及朝贡人参至关内。大量鲜人参腐烂变质，女真部落经济损失惨重，这也加剧了女真与明王朝的矛盾和冲突……女真人通过技术革新把鲜人参炮制加工成红参，不仅有利于运输和储存，还大幅度提高了人参的经济价值。在这种历史大背景下，各种社会矛盾集中爆发，从而引发了抚顺"萨尔浒大战"，这场至关重要的战争转折，加速了明王朝灭亡和清王朝兴起。

浑河流域及东北的物产，还引发了近现代最大规模的人口迁徙"闯关东"。明末开始，历经清朝，至新中国成立前，从各地来到东北的人数达3000万左右。这次历史性人口大迁徙，加速了浑河两岸的民族大融合和物产资源的大开发。

　　抚顺煤炭资源自辽金以来就进行过规模性开采，著名的抚顺大官窑瓷器，就是由抚顺煤炭烧制而成。清王朝建立以后，构建了绵延千里的柳条边墙，以保护陵寝风水和"龙脉"的名义，对抚顺周边广大区域进行了数百年封禁，这在某种程度上保护了这一地区的物产资源。清朝末年，列强环伺，清王朝朝不保夕。1901年，当王承尧、翁寿奏请开掘抚顺煤矿，清王朝同意并批准了他们的请求。这个"宝盒"一经打开，日本便通过各种侵略手段，霸占了抚顺煤矿等浑河流域的物产资源。

　　日伪统治抚顺时期，仅1940年抚顺煤矿产量就高达930万吨，平常产量占东北煤矿总产量80%以上。从1905年到1945年间，抚顺煤矿成为日本满铁株式会社最大的财源，日本从抚顺掠夺煤炭达2.02亿吨。

　　新中国成立以后，浑河流域的物产是东北老工业基地崛起的根基，抚顺之所以成为新中国工业化革命的先行城市，就有赖于浑河流域的煤炭、铁矿、铜矿、油母页岩、森林、水利等物产矿产资源。新中国成立初期，全国98%的重工业在东北，而东北的重工业则在辽宁，抚顺是工业门类齐全、闻名全国的重工业城市。

　　从浑河开始的工业化促进了城市化，时至今日，以浑河为中轴的沈阳现代化都市圈由8个城市组成，人口2359万，沈阳及周边7个地级市城市化率为65%，是我国城市化水平较高的地区之一。

　　浑河流域丰富的物产资源，有力地促进了民族大融合，有力地提高了全流域的城市化水平，有力地推动了新中国工业化革命进程。

　　目前，我国已进入新的历史发展阶段，贯彻新发展理念、构建新发展格局、推动高质量发展、创造高品质生活，对抚顺和浑河流域的生态文明建设和物产资源保护提出了更新更高的要求。

　　浑河流域生态环境保护结构性、根源性、趋势性压力逐步在缓解，以绿色经济为引领的新型发展模式，有利于节约资源，保护环境，对调整产业结构、生产方式、生活方式、空间格局创造更有利的条件。持续加大对抚顺和浑河流域物产等生态资源的保护力度，将会给这一地区今后的发展提供更持久的发展动力。

抚顺有什么？抚顺有矿。

抚顺有52种矿产资源、是抚顺的里子，已经开发的26种矿产资源、是抚顺的面子，抚顺人因矿产过上了有里有面的生活。

抚顺占全省已发现矿种的47.3%，优势矿产达18种，其中素有"工业粮食"之称的煤炭资源探明储量为15亿吨，享有"固体石油"美誉的油母页岩探明储量43.94亿吨，拥有"工业脊梁"的铁矿资源远景储量达2.34亿吨。这些都是抚顺成为共和国重化工城市的充分必要条件，也是实现高质量发展推动抚顺转型振兴的重要基础。

煤海流金

"煤都"，曾是抚顺响亮的名字。

在2000多年前，沈阳就有用煤记录，并有煤灰存留。考古发现，新乐遗址展出的煤来自抚顺。据1985年出版的《抚顺市志》第一卷第八章记载："抚顺地区矿产资源丰富，矿床、矿点星罗棋布，有大型矿床3处，中型矿床8处，小型矿床43处，矿点、矿化点435处。抚顺煤田共有煤矿床及矿点16处，探明煤炭储量约15亿吨，成煤时期为第三纪、侏罗纪和石炭——二迭系。"

抚顺煤田在第三纪古新统老虎台组和栗子沟组及始新统古城子组地层中，分为上、下层，上层厚8–130米，下层厚26–63米，探明储量约14亿吨。剩下的近1亿吨储煤分布在新宾、清原境内。

抚顺煤田的煤质较佳，主产长焰煤、气煤、半沥青煤。长焰煤，因燃烧时火焰长而得名，主要作为动力和化工用煤。气煤，因加热时能产生大量气体和较多的焦油、

广泛应用于制造工业用煤气原料而得名，也适作炼焦配煤。解放后到改革开放初，老虎台矿曾是全国最大的配焦煤矿。瓦斯，又称煤层瓦斯、煤层气，是从煤和围岩中逸出的甲烷、二氧化碳和氮等组成的混合气体，易燃易爆有毒。抚顺解放后，龙凤矿十分注重消除瓦斯隐患，组织联合攻关，终于在1953年成功掌握巷道预排瓦斯新技术，使龙凤矿成为全国第一个预排瓦斯的矿井。巷道瓦斯预排新技术减少了安全事故，同时将收集到的煤层气运用到工业生产和居民生活之中。

抚顺煤田中含有煤精、琥珀，都可制作成工艺品。抚顺产的琥珀可入药，具有很高的研究价值。

油母页岩，是在煤炭开采过程中发现的燃料矿产。1910年，在抚顺首次发现油母页岩，并对其进行研发利用，勘探设计，集中开采。油母页岩主要分布在老第三纪始新统军屯组地层中，其下部为主煤层，上部为绿色泥岩层，含矿层厚48－190米，平均厚度55米，含油率为2%－10%，探明储量43.94亿吨，主要分布在东、西露天矿。1914年，油母页岩开始挖掘并综合利用，催生了东、西制油两个企业，即石油二厂、石油一厂的前身。大庆原油运抵抚顺之前，抚顺石油一厂、二厂生产的汽、柴、煤油主要原料都是油母页岩。抚矿集团炼油厂有两个，年产能55万吨。

铁矿富足

钢铁产能和消耗是衡量一个国家是否工业化的重要标准。1950年，全国钢铁产量仅为60万吨，在国家最需要钢铁的时候，抚顺1.5亿吨铁矿资源发挥了重要作用。

抚顺铁矿的成因类型有两种，主要以鞍山式条带状磁铁石英岩沉积变质铁矿为主，其次为宜龙式沉积赤铁矿。鞍山式沉积变质铁矿主要分布在傲牛、罗卜坎、毛会堡、小莱河等地，矿体一般呈似层状、扁豆状、透镜状，矿床长达10－2000米，厚度1－40米不等，含铁量一般为40%，属高品位矿床。宜龙式沉积赤铁矿在上元古界细河群、南芬组的暗绿色砂质页岩和泥岩，矿体规模小，呈透镜状，长100－250米、厚度0.3－1.5米，品位全铁35%－50%，属小型矿点，产地主要有杨木林子和当石岭。

抚顺铁矿具有埋藏浅、储量高、多点分布的特点，矿产开采有露天矿和井工矿两种方式。计划经济时期，抚顺铁矿产出的铁精粉主要供应当时的新抚钢厂，实行有计划开采。改革开放后，国家加快工业化进程，钢铁产能逐步扩大，开采主体呈现多元化特点，多点布局同步进行，1985年铁矿产地达到60多处。经过20多年的积累，铁矿成为清原、抚顺县的支柱产业，在全市经济总量中的占比也有所增加。

同时，矿山治理和规范也一直在进行，为减少铁矿开采对绿色植被、生态环境的破坏，全面制止露天开采，宁可增加开采成本，也要保住绿水青山。规范企业经营行为，激励企业科技创新、管理创新，推行集团化运营、机械化开采、高水平加工，推动节能减排和降本增效，大力开展绿色矿山建设，走上绿色发展、生态文明建设之路。

资源丰富

新中国成立后，地质勘探人员又在抚顺市域内发现了铁、钛等黑色金属矿产，发现了铜钼铅锌镍汞等有色金属矿，金、银、铂、钯等贵金属矿产，发现了铌、钽、铍、镓、锗等稀有金属矿产，还发现了黄铁、菱镁、硅石等非金属矿产，总计52种，探明资源储量的矿产有26种。

抚顺金属、非金属、建筑材料类矿产品种较多，形成优势的铜锌矿、菱镁矿、黄金矿都得到有序开采，做到稳中有进，并产生很好的经济效益、社会效益和生态效益。有些矿产因为技术原因，暂时不能开采，比如钛矿；有的因储量的原因，如果开采可能出现亏损；有的因影响生态不能采，比如大理石、石灰矿等。

千百年来，抚顺葱郁的森林植被覆盖着山野，水生植物种类繁多，起着涵养水源、保持水土、调节气候的作用，为辽东大地构成了一道绿色的屏障。这里蕴含的绿色宝藏，不断维系着沿河生态系统，滋养了世代生息在这里的人们，在抚顺大地上营造出人与自然和谐共生的美丽家园。

林海分群落

抚顺地区植物主要以长白植物区系植物为主，兼有华北和蒙古区系的种类，并混有某些南方的植物成分。长白植物区系的代表植物主要有红松、沙松、紫杉、枫桦、色木槭、扭槭、蒙古栎、岳桦、紫椴、水曲柳、毛榛子、暴马丁香等。其中，红松是长白植物区系的代表树种，也是抚顺的乡土树种，在清原、新宾两县大部及抚顺县东南部山区都有大面积分布。华北植物区系代表植物有油松、赤松、辽东栎、槲栎、刺楸、八角枫、千金榆以及五味子、软枣猕猴桃、山葡萄、葛藤、南蛇藤等。各种植物经过长期的人为干预和漫长的自然演替过程，形成了结构复杂、种类繁多、相互依存、相互制约的植物群落。据调查，抚顺地区的野生植物达133科455属1000余种，被列入《辽宁省珍稀濒危保护植物名录》的有20科28种，被列入第一批《国家重点保护野生植物名录》的有7种。其中，东北红豆杉为国家一级保护植物，红松、水曲柳、黄檗（黄波椤）、钻天柳、紫椴、野大豆为国家二级保护植物。

在一座座绿色宝库里，以灌木、乔木和木质藤本植物为主的木本植物是森林植物的主体，以山野菜、中药材为主的草本植物是森林植物的重要组成部分。据《抚顺地区树木志》《抚顺市林业志》第三卷记载，抚顺地区共有木本植物43科95属266种，草本植物90科360属767种。无论是草本植物还是木本植物，它们对维系森林生态环境的平衡都起着至关重要的作用。

抚顺有着丰富的水资源条件，因而，水生植物类型也极为丰富，以大伙房国家湿地公园为例，公园内水生植被中挺水植物群落有5种，浮水植物群落有8种，沉水植物群落有7种。在河流滩地低水位和浅水区常见芦苇、香蒲等挺水植物，以及槐叶萍、野菱等浮水植物；滨岸带植被覆盖度高，植物多样性较高，基本形成乔灌草的复合群落。

山谷可挖"金"

在抚顺群山沟壑中繁盛的草本植物中，既有人们喜爱的山野菜，也有名贵的中草药。据了解，抚顺境内的林下、林缘、山坡、沟谷生长着近50种山野菜，主要有蕨菜、猴腿、广东菜、大叶芹、水芹菜、抢头菜、桔梗等，药用植物更是达到近300种。其中，被人们广为利用的有30余种，主要有人参、党参、细辛、龙胆草、贯众、紫草等。众多草本植物成为山区居民依托森林资源发展绿色产业的重要物质基础。

据《兴京厅乡志》记载："清末，兴京（今新宾满族自治县）年产园参三四十万两，山参二万余两。"《清太祖实录》卷二记载："曩时卖参与大明国，以水浸润，大明人嫌湿推延，国人恐水参难以耐久，急售之，价又甚廉。太祖煎煮熟晒干，诸王臣不从。太祖不徇众言，逐煮晒，徐徐发卖，果得价倍常。"人参生产技术的改进，提高了人参的质量，使女真族得到了加倍的经济效益。人参以及其他土产山货的大量输出，繁荣了女真地区的社会经济。时至今日，人参也是抚顺新宾、清原等地的主要支柱产业。以新宾为例，截至目前，新宾林下参种植面积达16万亩以上，平地人参面积在1.9万亩以上，全县共有小微人参加工企业400余家、精加工企业6家。全县涉及人参种植加工的从业人员在4000人以上，从事人参贸易的商人近千人，每年经营人参干货产品约3000吨，流动资金近11亿元。

除人参外，清原还通过对野生中药材进行驯化，研发出了30余种中药材的人工种植方式，将山里的草变成了致富的宝。其中，龙胆草、林下参等道地中药材在国内外享有盛誉。据了解，截至目前，抚顺中药材种植总量达109万亩，位居全省第二位；山野菜总量25.5万亩，位居全省首位。道地中药材产业已经成为抚顺发展绿色经济的有力支点和农民致富增收的重要支柱。

遇见双蕊兰

位于新宾满族自治县与桓仁满族自治县交界处的辽宁老秃顶子国家级自然保护区是珍稀濒危动植物的重要栖息地和主要分布区域。第四季冰期遗存孑遗植物腐生小草本双蕊兰是保护区内的植物明星，在世界其他地区尚未发现，目前为保护区内独有。

双蕊兰被誉为兰科活化石 是兰科植物中极其罕见的原始类型，1964年被著名兰科植物专家陈心启先生所发现。随后，陈心启花了十几年的时间潜心研究，最终把它鉴定为兰科植物中的一个新属——双蕊兰属，完成了其分类位置和定名，列入《中国植物红皮书》中收载的珍稀濒危野生植物名录。双蕊兰在老秃顶子国家级自然保护区抚顺管理局首次被发现于1986年，地点位于鸿雁管理站，当时，共发现8株。

双蕊兰的"出没"也非常神秘，它的生长期一般在20天左右，通常8月中旬生长，9月初枯萎，没有相适应的条件，它可能几年都不会"露"上一面。即便出现，面积也不过百余平方米，而且株数不定。老秃顶子国家级自然保护区抚顺管理局的一份资料显示，近年来，双蕊兰出现株数最多的为2001年，当时发现了24株，最少的一年在2009年，只发现两株，2022年发现了16株。

沈阳农业大学林学院张丽杰教授曾于多年前摘取了一株，精心呵护带回了实验室，并采用组织培养方法，用不同浓度的配比液，选用肉质根、根状茎、子房、苞片等为外植体进行离体培养，但一直没有培养出再生植株，对此，张丽杰教授也非常遗憾。

抚顺地区气候温和，雨量充沛，山峦叠嶂，植被茂密，为野生动物栖息、繁殖提供了良好生存环境。据统计，抚顺地区共有陆生野生动物27目63科242种。其中国家重点保护的有33种、省重点保护的41种。近年，生态不断改善，久违的野生动物，如野猪、黑熊和狼等多有现身，鸟的种类也越来越多。大伙房水库也是水美鱼肥。好山好水好空气，对于这些天上飞的，水里游的，地上跑的，抚顺山水，不啻一片乐土！

沙鸥翔集

近二三十年，抚顺生态环境不断改善，浑河水草丰美，鱼虾充足，浑河上水鸟越来越多。对于这一点，专门拍鸟的摄影家——辽宁摄影家协会会员、辽宁公安摄影家协会抚顺分会主席李东辉深有感触。

12年前，李东辉在浑河上曾拍到过鸟类中的"大熊猫"——遗鸥！这种人类发现最晚的鸥鸟，现在世界上仅有约1万只，国际鸟类保护委员会将其列入濒危物种红皮书，我国把它列为国家一级保护动物。他说，这些年，海鸥光临浑河不是什么稀罕事儿。但一下子飞来上百只遗鸥这样的珍禽，那种"沙鸥翔集"的祥和与美丽至今让他难忘。

近年来，白鹭、苍鹭、绿头鸭、黑嘴鸭等水鸟，也常年落户浑河，最多时可达上万只，着实壮观。大伙房水库南岸的长脖岭区域，成为全省最大的白鹭、苍鹭和鸬鹚种群栖息地。

说起近些年拍过的珍稀鸟，李东辉如数家珍："3月，我在大伙房水库附近发现了6只青头潜鸭。别看它长得其貌不扬，却是国家一级保护动物，据说全世界也就几千只。另外，像国家一级保护动物白尾海雕、东方白鹳等，都多次光临抚顺。"

以前在抚顺极为罕见的天鹅和鸳鸯，也出现在摄影家的镜头中。天鹅对水质极为挑剔，水质稍差，都不会落脚；以往在抚顺"一走一过"的鸳鸯，近年连续发现它在抚顺安家落户……

事实上，不光浑河里的水禽增多，山区的野鸡也时常被发现；不仅来抚顺的候鸟多了，本地的留鸟种群也在扩大。以前，仅有麻雀、乌鸦、喜鹊等，是抚顺留鸟里的"坐地户"，近年不少人拍摄到红嘴蓝鹊，成为常见鸟类。此外，许多留鸟，过去仅在某一个地方出现，现在很多地方都有，这说明生态环境好了，种群数量扩大了。

据抚顺的拍鸟人不完全统计，截至2021年12月，出现在抚顺的鸟类有19目56科287种。而2010年我市林业部门统计我市有鸟186种，11年光景，增加百余种。

锦鳞游泳

在抚顺，提起大伙房水库的胖头鱼，人们有着浓浓的自豪感——胖头鱼因野生有机、营养丰富、味道鲜美"游"进了北京、吉林及省内多市的"菜篮子"，一些堂皇的筵席，更是少不了它们的身影……

有道是，好水出好鱼。大伙房水库阔大的水域和优良的水质，为胖头鱼的自然生长提供了优异的环境。这里从来不投放饵料，胖头鱼吃着水库里的天然食物长大。也正因为如此，这里的胖头鱼比其他水库养殖的鱼生长期要长很多，肉质口感也好。大伙房水库里大多数鱼转换期要求3年以上，有的甚至需要七八年的转换期。所谓转换，就是从投放的小鱼苗到成为成鱼的生长时间。

作为野生有机鱼，2009年，抚顺大伙房水库胖头鱼荣获农业部国家地理标志产品认证，同获殊荣的，还有这里的鲤鱼。农业部授权的中绿华夏有机食品认证中心在营养指标、生物指标以及药物残留等方面均予以高度评价。认证需要一年一复检，十几年来，抚顺大伙房水库胖头鱼能一直头顶着国家地理标志产品这个桂冠，完全得益于大伙房水库优良的水质和水库人的坚守。近些年，大伙房水库水质普遍在国家二类水质标准，部分水域水质达到了一类标准。

胖头鱼，学名叫鳙鱼，与青鱼、草鱼、鲢组成四大淡水鱼。在水库里，其与草鱼、鲢鱼还有鲤鱼等生活在不同深度的水层。近年来，水库又引进了鳜鱼、武昌鱼等。如今，40多种鱼生活在大伙房水库中，真可谓，鱼翔浅底，锦鳞游泳。

呦呦鹿鸣

抚顺的山林里，野猪、黑熊等野生动物，偶有目击；野兔和黄鼬还有松鼠等并不鲜见。也有野生动物被驯化为经济价值较高的家养动物，比如马鹿。

马鹿这一物种存在有1200万年，而清原马鹿这个品种，却仅仅拥有50年历史。清原马鹿，可谓是马鹿家族里的新成员。

20世纪70年代初，由中国农业科学院特产所牵头，辽宁省抚顺特产科学研究所（抚顺市农业科学研究院）与清原参茸场、城郊林场等有关科研、生产单位共同协作，从新疆伊犁引入110头天山马鹿，经风土驯化、品系繁育、科学饲养管理，历经4个阶段、连续5个世代，历时30年选育出优良马鹿新品种——"清原马鹿"。

一说到鹿和鹿茸，大多数人会想到梅花鹿。清原马鹿与梅花鹿相比，体态大，抗病，适应性强；遗传性状稳定，有超强的杂交优势；鹿茸品质好、产量高。

清原马鹿的鹿茸具有茸枝头大、肥嫩、双门桩小、根细、上嘴头粗长等优点。茸质分析表明，清原马鹿的鹿茸在粗蛋白、氨基酸和矿物质元素含量等方面均高于其他马鹿，最为明显的是，其钙磷比接近于人体膳食最佳钙磷比1∶1。

2002年，"天山马鹿清原品系"，被农业部正式命名为"清原马鹿"。这是世界上第一个人工系统选育出来的优良马鹿新品种，在国内外马鹿饲养业属于首创。2007年，国家质检总局批准对"清原马鹿茸"实施地理标志产品保护。新西兰、澳大利亚等国专家曾来清原考察并引进，用于改良本国马鹿品种。

中国中医科学院中药材研究所屠呦呦团队专家王智民研究员评价清原马鹿"是抚顺最独特的珍贵资源，具有巨大的市场开发潜力，最易形成抚顺地区的特色产业链"。

清原的马鹿产业，在21世纪初达到鼎盛，清原一度成为远近闻名的马鹿之乡。然而，由于金融危机及国际、国内市场等诸多因素的影响，鹿茸市场逐渐低迷，马鹿数量锐减。截至目前，清原马鹿存栏量仅有400余头，其中能繁育的母鹿仅140头左右，成年公鹿210头左右，其余为仔鹿和育成鹿。如此低的保有量，不可避免出现近亲繁殖现象。清原马鹿，濒临种群退化或者种群消失的危险。

为保护数十年呕心沥血培育出来的清原马鹿种系，2009年，市政府开始实施10年保种计划，对维持清原马鹿保有量起到一定作用，但保护计划结束以来，清原马鹿养殖数量还是接近"灭种"边缘。保护清原马鹿这一优良品种，刻不容缓。

　　山河俊秀，物种丰饶。提倡生态文明，追求人与自然和谐相处，打造生态文明的抚顺，是抚顺人永恒不变的主题。爱家乡，爱抚顺，爱这里的一草一木，珍视这里的每一个生命，给这一方水土的子孙后代留下一个美丽的家园。

抚顺辽五味子是辽宁的地道药材，因其皮薄、肉厚、粒大、药用成分高、辛甘酸苦咸五味俱全而著称，素有"辽五味"之称。主要分布在辽宁省东部山区。五味子多生于杂木林中，山沟溪流两岸小乔木及灌木丛间。年老植株或在瘠薄的土地上，生长的植株多为雄花。幼壮生命力强的植株，或人工栽培肥水充足、管理好、修剪适宜的植株，则多为雌花。花是长在上一年的枝条上，雌花又多长在攀援茎的上部。五味子适应性很强，喜肥喜湿润喜光。

抚顺辽五味子

清原马鹿是抚顺地区历经30年选育出来的马鹿新品种，也是世界上首次人工系统培育出来的高产鹿茸品种，鹿茸群体单产居世界之首，具有鹿茸枝头大、肥嫩、根细、上嘴头粗等优点。

鹿茸有上段、中段、下段之分，下段骨化成分高，上段品质最好，因为茸的有效成分都在上头，清原马鹿茸根细上粗的特点，使其优质率达到了40%以上，为生产优质的鹿茸产品提供了质量保障。清原马鹿茸性温味甘咸，含有丰富的蛋白质、维生素、磷、钙、镁等营养物质，具有强身健体的功效。

清原马鹿

抚顺琥珀

抚顺是世界著名的琥珀重要产区，也是中国昆虫琥珀的唯一产地。抚顺琥珀形成于老第三纪始新世早期，距今5000多万年，比波罗的海琥珀形成要早3000多万年，是抚顺西露天煤矿特有的矿产资源，品种丰富、质地坚韧、色泽艳丽、产量稀少，主要用于制作雕刻工艺品和首饰。

大鹏扶摇上青天
只瞰煤海半个边

浑河两岸

第五篇

积基树本，创业筑基。截取剖析中国工业化革命的历史界面，新中国工业化道路的基础和原点在东北，抚顺是其重要基地之一。

外御列强，内强国本。何以为基？大国之基在于工业，工业之基在于重工业。中国共产党立志在一张白纸上画出最新最美的图画，带领中华儿女走上工业强国之路。党和国家把发展重工业的任务交给东北，把重点项目向东北倾斜，把"一五"期间的8个重点项目落在抚顺，把符合国家发展战略、产业基础好、率先实现工业化的抚顺列为工业化先行城市。

先行，为大国筑基。新中国工业化大道上，从抚顺解放到1992年，抚顺始终是先行者，重要成果具有里程碑意义。煤、油、电、钢、铝"五大产业"日益壮大，西露天矿、辽宁发电厂曾问鼎亚洲最大，独立研发并生产的油母页岩油、高温合金钢、海绵钛等产品，为中国制造奠基。机械、电子、化工等10多个产业竞相发力，"填补国内空白"捷报频传，"名优特新"结队出征，抚顺也由工业先行城市走向综合工业城市，位列全国较大型城市第十八位。

从1992年到2012年，抚顺积极应对外部环境变化带来的压力，着力破解体制结构等深层次矛盾，加速城市转型进程，推动东北老工业基地振兴。全市上下抓住国企改革这一"牛鼻子"，打出"退二进三""靓女外嫁""腾笼换鸟"等政策措施"组合拳"，冲破体制、结构矛盾的束缚，市场主体释放新活力。抓住产业调整这个关键，传统产业挺立潮头，非公经济踏浪而行，现代服务业异军突起，三次产业结构布局趋于合理。抓住"两城"建设重点，为"沈抚新城成为全省经济第三极、石化新城成为市域经济发展新引擎"蓄能。

走进新时代，全市上下认真贯彻落实习近平总书记在东北、辽宁、抚顺考察期间的重要讲话精神，完整、准确、全面贯彻新发展理念，积极融入新发展格局，以高质量发展为统领，坚持"工业立市、工业强市、产业兴市"，打造国家级高附加值新型原材料基地和全省最重要的水源生态涵养基地，发展高端精细化工、高端冶金新材料、新型清洁能源、新型煤化工及煤矸石综合利用、先进装备制造、特色农

先行，为大国筑基

浑河两岸　第五篇

大鹏扶摇上青天

只瞰煤海半个边

产品深加工"六大产业"，推动"三个融合"，建设"五个抚顺"。

厚德载物，自强不息。全市上下笃定产业报国理想信念，创新驱动生产要素和优质项目向高端、新型、先进产业流动，凝聚起产业转型升级强大动力；扎实做好结构调整"三篇大文章"，激发企业主体活力，发挥头部企业作用，建链补链延链强链，增强产业链韧劲；践行绿色发展理念，开辟清洁能源产业、煤矸石综合利用产业，铺就产业发展新赛道；主动融入沈阳现代化都市圈、辽东绿色经济区，拓展产业发展新空间。

起于微末，发于华枝。"六大产业"生如夏花之绚烂。高端精细化工产业老树新花，抚顺石化公司"减油增化"低调亮相，高新区企业组团进场，化学制药、过氧化物、沥青基碳纤维，个个真材实料。高端冶金新材料产业厚植沃土，抚顺特钢"百亿技改项目"催生"三高"产品出炉，东工冶金焊接新材料、3D打印技术轰动中科院宁波所。新型清洁能源产业时代大剧，清原抽水蓄能电站领衔主演，光伏发电、生物质发电、垃圾发电、氢能源众项目同台献艺。新型煤化工及煤矸石综合利用产业是抚矿集团的主场，页岩油书写老兵新传，煤矸石有机肥形成20万吨产能。先进装备制造产业远征他乡，永茂建机现身珠港澳大桥施工现场，抚挖重工成槽机筑坝大运河杭州段。特色农产品深加工产业胎动腹中，中小微企业遍布城乡。谁持彩练当空舞？装点此关山，未来更好看！

心怀国之大者，矢志大国重工，从为大国筑基到为大国强基，抚顺一路先行，继往开来，厚植产业基础，优化产业结构，激发产业活力，将在辽宁全面振兴全方位振兴中展现更大担当和作为。

在新中国工业史上，抚顺是无法绕开的存在。煤、油、电、钢、铝支撑起抚顺工业的雄浑骨架，为新中国建设贡献了无数的"第一"，遍地乌金、高高炼塔、源源电力、璀璨钢花……记录着抚顺这个工业先行者的辉煌时代。

基　石

1949年，中国共产党在《中国人民政治协商会议共同纲领》中明确提出，要有步骤地实现国家工业化和加速国家工业化。1953年，我国实施第一个五年计划，"一五"计划被称为"中国社会主义工业化奠基之战"。拥有煤炭、石油、冶金、电力等大工业基础的抚顺，为新中国工业化革命的先行和奠基做出卓越贡献。

抚顺产业工人大部分兵自关内的失地农民和其他无产者，社会地位低，文化水平普遍不高，多从事重体力劳动。对这样的产业工人群体进行大规模改造，关系到新中国工业化进程基石的质量和步伐的快慢。

1950年5月30日，为了开启新中国工业化大门，抚顺市职工教育委员会宣布成立，针对全市各个厂矿组织开办夜校和补习班，对没有文化的产业工人群体进行文化知识启蒙。石油一厂、石油二厂、石油三厂、抚顺三〇一厂、抚顺钢厂、抚顺发电厂、抚顺机械厂等企业也纷纷开办夜校或技工学校，抚顺的骨干企业抚顺矿务局陆续建立起卫生学校、干部学校和技工学校等面向职工的专业文化学校。

1956年5月，抚顺第一所业余工业大学抚顺业余煤矿学院成立。随后，抚顺钢厂试办抚顺业余钢铁学院，1957年与三○一厂（抚顺铝厂）联办抚顺业余冶金学院。1958年7月，抚顺创办全日制中高等学校抚顺矿业学院、抚顺工学院、抚顺师范学院、抚顺医学院4所大学（抚顺医学院1962年外迁成为现在的锦州医学院）。辽宁石油化工大学是新中国第一所石油专业院校，前身是1953年成立的抚顺石油学校和后来的抚顺石油学院。在全国煤炭行业拥有广泛影响的煤炭科学研究总院抚顺分院、中石化抚顺石油化工研究院等也在抚顺扎根落户，大幅度提高了整个城市的科技文化水平。

抚顺石油事业奠基人褚志远、顾敬心、陈俊武；抚顺铝冶金行业领军人物邱竹贤、韦涵光；抚顺钢厂特殊钢冶炼领军人物毕克祯等大批科技知识分子的到来，不仅为抚顺带来了先进的科技文化，他们带领着大批产业工人以实干推动着抚顺工业走在了全国同行业的前列。从1949年到改革开放后的1985年，全市工业企业累计实现工业总产值9668804万元。这期间，开采煤炭总计3.55亿吨、加工原油2.56亿吨、生产页岩原油1345.25万吨，生产汽油、煤油、柴油、润滑油、商品燃料油、石油焦、石蜡等1.19亿吨，发电1647亿千瓦时、地区供电量980.46亿千瓦时；生产冶金矿产品410万吨、铁242.64万吨、钢860.75万吨、钢材610.78万吨、铝189万吨、耐火材料225.56万吨、碳素制品125.54万吨、工业气体产品4.84亿立方米、水泥1634万吨、挖掘机6007台……有力地支持和推动了全国工业化进程向前发展。

孵 化

作为新中国工业化的先行者，抚顺西露天矿、老虎台矿、龙凤矿、抚顺钢厂、抚顺铝厂、石油一厂、石油二厂、辽宁发电厂8个大型骨干企业藏龙卧虎，人才储备、技术水平和综合实力，在全国同行业均处于领头羊位置，素有抚顺工业"八大金刚"之称的各大企业，在自身不断发展壮大的同时，还承担了新中国工业产业的孵化和发展的作用。

1958年，时任中共中央书记处总书记的邓小平视察抚顺。当抚顺铝厂相关领导汇报全国铝业发展情况，说出全国各地新建铝厂经常要抚顺前去支援，应接不暇耽误本厂工作时，邓小平风趣地说："谁让你们是老母鸡呢！"

"老母鸡"是指抚顺企业作为全国同行业的标志性企业，对新中国早期工业化的孵化贡献。

1953年，燃料部石油管理总局决定将东北10个炼厂基建工程队2000余人集结到抚顺，成立"燃料工业部石油管理总局东北建筑安装工程公司"。这支诞生在抚顺的中国炼建队伍，从成立到现在的多次重组，已经发展成一支享誉世界的炼建企业。从1965年起，抚顺先后向大庆石化、南京炼油厂、胜利炼油厂、荆门炼油厂、长岭炼油厂、东方红炼油厂、前郭炼油厂、吉林炼油厂、石家庄炼油厂、辽阳化纤公司等全国各企业成建制选派精兵强将。

据不完全统计，新中国成立后，抚顺向全国87个企业、事业单位输送5000多名人才。

从20世纪50年代，抚顺煤矿系统先后支援和参与建设新疆哈密煤矿、四川渡口煤矿、山西阳泉煤矿、宁夏大峰煤矿、广东茂名煤矿，辽宁铁法煤矿、南票煤矿，内蒙古乌达煤矿、平庄煤矿、霍林河煤矿等数十家大中型煤矿。数千工人落户他乡，成为当地煤炭生产的骨干力量。

抚顺发电厂被誉为"中国火电之母"。截至1985年，抚顺电力系统共向全国360多个单位，其中包括13个上级部门、63个发电厂、18个电业局、7个火电公司、9个电力院校、1个修造厂等，输送干部和技术工人2436人。

曾生产制造全国第一台挖掘机的抚顺挖掘机制造厂，抽调大量技术干部和管理人才远赴黑龙江富拉尔基，建设起中国著名的东北第一机械制造厂。20世纪60年代，抚顺挖掘机厂成建制抽调1322人、583台设备，在大西南的泸州建设起"长江挖掘机厂"。

转 型

从计划经济过渡到市场经济，抚顺重工业方阵一直是共和国改革的"稳压器"和"压舱石"。

20世纪80年代的"七五"时期，抚顺境内煤炭资源逐渐枯竭，鉴于国家"限采保城"政策，抚顺面临着各种各样的问题和压力，从此走上了转型之路。以煤炭和重工业为主的产业链，面临着严峻的挑战。改革、转型的阵痛，不仅体现在企业，还蔓延到职工和家庭。为了新中国工业化升级提速，抚顺企业和工人负重前行。

近30年来，抚顺最初提出"油头、化身、轻纺尾"的发展思路。2003年，中央实施东北老工业基地振兴战略后，抚顺提出结构调整战略思路，加快调整经济结构，由资源型城市向资源深加工型城市转变。2009年，抚顺被确定为全国第二批资源枯竭型城市，进入城市经济转型的新阶段，10多年来，抚顺在艰难探索，不断优化调整构建着城市经济发展的新格局。

回顾抚顺在新中国工业化革命的伟大历程中，先行城市和奠基地的光荣，业峻鸿绩，补天柱地。在新的发展时期，各种困难，各种挑战，依然存在，但先行者的脚步不会停止，还会初心不改，激流勇进，踔厉奋发，一路前行。

岁月流转，时移世易。随着改革开放的深入，曾经创造无数辉煌与荣光的老工业基地的抚顺，前进路上一度渐显步履蹒跚之态。当此时，以结构调整加速新旧动能转换，成为激活老工业基地这池"春水"的关键。浑河两岸，通过结构调整，新旧动能转换，转出高质量发展崭新气象。

改造升级"老字号"

百年抚顺，底蕴深厚，工企百年，大浪淘沙，众多企业，脱颖而出，风蚀雨浸，勇立潮头，终成工业瑰宝——"老字号"。抚矿集团、抚顺石化、抚顺特钢等一批"老字号"企业，汲取时代精神，构建现代企业制度，求新求变求发展，一次次化蛹成蝶，成为抚顺转型振兴的"旗舰"。在这次"老字号"改造升级的行动中，他们聚焦数字化、智能化、绿色化改造，纷纷交上高分答卷，迎来"老字号"企业的高光时刻。西露天矿"由采转治"铿锵有力，抚顺石化"减油增化"行稳致远，抚顺特钢百亿技改项目掷地有声，抚挖重工生产的起重机、成槽机先声夺人，华丰公司火工器件随中国航天器云端漫步、民用雷管数字车间亦在全国不同凡响。

抚顺新钢铁的前身新抚钢厂建于1958年，是全国冶金"十八罗汉"之一，2006年成为建龙集团控股经营的混合所有制企业。16年来，该企业践行"产城融合发展的典范、智能制造的先行者、绿色发

展的践行者、建筑业综合服务平台的主导者"发展战略，依托数字化改造，提升智能制造能力，提高绿色发展水平。企业建立数据采集系统和生产指挥系统，日数据采集由原来的1000多笔增加到9亿笔，运用5G技术实现火车运输无人操作，投放大量"数字员工"机器人替代了人工操作，把员工从繁重简单的岗位中解放出来，做到一个智能中心全部搞定，实现由机械制造向智能制造转变、由生产商向生产服务商转变、由传统企业向现代企业转变。16年来，该企业累计实现税收71亿元，成为全市第二纳税大户，累计派发国有股分红15亿元，成为"老字号"企业改造升级的典范。

深度开发"原字号"

随着改革开放纵深行进，市场细分加剧，产品向高端化迈进，"原字号"企业直面生存空间被大幅压缩，居安思危，自强不息，实现突围。新千年之后，市委、市政府出台各类政策措施引导"原字号"企业发挥资源优势，打造加工优势、品牌优势，最后形成市场优势，让好资源、好产品卖出好价钱，进一步拓展利润空间。在这次深度开发"原字号"行动中，齐隆化工、顺特化工等众多"原字号"企业坚持规模化、精细化、高端化方向，品牌化、终端化建设务实高效，在市场重围中杀出一条血路。齐隆化工的拳头产品石油树脂一路闯关夺隘，始终处于全国领先地位；顺特化工的防脱发剂产品独步日化市场，成为宝洁等顶级洗发护发企业的重要原料供应商；森源化工的合成染料亦在纺织、皮革、涂料等领域备受瞩目。

辽宁鑫星新材料有限公司投资1.5亿元建设的年产5.5万吨特种蜡生产项目经过1年多的建设，终于在2021年10月开工生产。这是一家抚顺土生土长的"原字号"企业，始终聚焦石蜡精细化发展，向产业链价值链中、高端延伸，提高石蜡产品附加值，增加出口利润率，在橡胶防护蜡、食品包装蜡、精密铸造蜡、热熔胶等科技研发方面取得重大突破，进一步刺激了国内外市场需求，迫切需要扩大特种蜡产能，以便应对持续增加的订单带来的生产压力。

辽宁鑫星新的生产基地占地面积是原企业的6倍，产能是原企业的10倍，新产品占比超过70%，是原企业的10倍。在投资规模、生产能力、产品科技含量等方面都有大幅提升，如果说原企业是1.0版本，那么新基地就是2.0版本。

培育壮大"新字号"

现在的"新字号"多是传统产业派生出来的。在培育壮大"新字号"的行动中，我市主要按照新兴产业发展思路，突出高端装备制造、新一代信息技术、新能源、特色农产品加工等，聚焦新产业、新业态、新模式，引育壮大战略性新兴产业。

在项目支撑上，重点围绕智能装备、生物医药等领域，谋划推进项目。东科集团深耕传统产业，在向市场提供高端蜡制品、冷水剂等产品保障企业高质量运行的同时，不断捕捉新机遇，抢占科技制高点，成功研制锂电池产品、日用化学品，形成"老字号"产品与"新字号"共存共荣、协调发展的格局。辽宁昆仑汉兴氢能源科技有限公司是一家通过招商引资、项目推进引入的"新字号"企业，主要从事高纯氢气生产、储存、运输、销售。2020年10月，企业进驻抚顺高新技术产业开发区，投资3.1亿元，建设日产36万立方米的氢气项目，具有广阔的市场前景。

清原抽水蓄能电站是由国家电网新能源投资总公司投资109亿元建设的重点新能源项目，总装机容量180万千瓦，建设周期78个月，2017年3月由3个"中"字头企业组成项目总承包工程经理部进入施工现场。经过几年的昼夜施工，目前地下厂房、上下库坝、交通涵洞等土建工程均已进入收尾阶段。这一电站在用电低谷时抽水蓄能，在用电高峰时发电，对东北电网安全运用起保护作用，被称为东北电网的"稳压器""充电宝"。

"哥俩好"于2002年获评全国驰名商标，是全市第一枚且是当时唯一的一枚全国驰名商标。德国一家化工企业给出2亿元价格收购，商标持有人没卖。20年后，哥俩好集团成为持有老品牌跻身"新字号"的企业。目前，哥俩好集团已经形成胶粘剂、涂料、合成树脂、汽车用化学品四大系列产品，拥有13项自主知识产权的发明专利产品，还有11项参与制定国家、行业标准样本。尽管AB胶仍然沿用最经典的包装，可里面的产品已经改进10多次，现在盛装的是第四代产品，质量更好、更生态环保。哥俩好集团每年投入科研经费1000多万元，今年研制的室内专用环保地材胶、超耐水高固含量白乳胶、尼龙芯输送带冷黏胶、溶剂型阻燃胶粘剂被列入抚顺市"新字号"重点支撑项目库，且在有序推进中。

全市上下聚焦高端精细化工、高端冶金新材料、新型清洁能源、新型煤化工及煤矸石综合利用、先进装备制造、特色农产品深加工"六大产业"，建链补链延链强链，开辟产业发展新赛道，畅通创新链、生产链、供应链、服务链各条经脉，实现产业再造和转型升级，为抚顺高质量发展提供坚实支撑。

建链，增添产业新维度

抚顺市第十三次党代会明确了发展"六大产业"，并在产业前面加上了高端、新型、先进、特色等限定词，标定了今后产业发展的高度，在传统支柱产业的基础上增加了清洁能源、煤矸石综合利用等新维度。

抚矿集团主动作为，精准谋划，统筹建设"四大产业园"，被国家列为循环经济第一批试点单位和国家级矿山综治利用示范基地，在政策支持下，多点支撑、多业并举、多元发展的产业格局加速形成。环保经济产业园城市生活垃圾发电项目已经并网发电，2022年上半年，累计收置城市生活垃圾已达20万吨，年均可提供绿色电力1.62亿度，年减排二氧化碳12万吨。新型能源产业园光伏发电项目全面启动，总装机容量为340兆瓦，年发电总量为4.7亿千瓦时。其中2017年建成的南舍场光伏发电项目运行正常，年均发电2774千瓦时。余下工程于2022年7月全面启动，截至9月底，室外设备基础完成90%以上。资

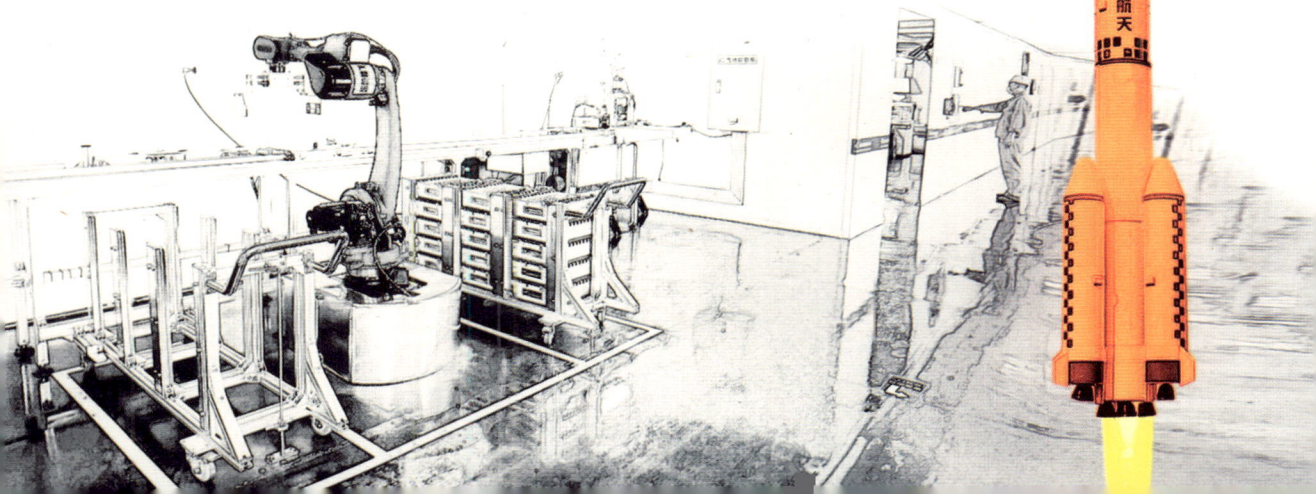

源循环利用产业园的煤矸石原料筛选、有机肥一期工程已经投入使用，年处理2万吨废旧轮胎和70万吨油母页岩颗粒项目建设已近尾声。矿山生态利用产业园西露天矿区域综治项目经过4年奋战，投资10多亿元，"由采转治"进入新阶段。油母页岩综合利用产业发展更具特色，设立3个国家级研究中心，页岩油产量连续多年位居全国乃至全球第一，2021年页岩油产量约占全国的60%，成为全球最大的油母页岩综合利用龙头企业。

强链，增加产业新高度

打造国家级高附加值新型原材料基地，是新时代赋予抚顺的使命任务。为完成这一任务，全市上下主动担当作为，坚持有为政府和有序市场"双轮驱动"，充分调动头部企业和链上企业积极性，不断增强"六大产业"的韧性，让传统产业再次强大，让产业发展的美好愿景率先变成美好现实。

如果将石油中碳元素想象为有序排列的一条线，以液态方式存在于管道里，那么很多的抚顺企业打开阀门，从中截取一个点或多个点，运用自有技术就能制造出相应的产品。比如，抚顺石化公司接收大庆原油，取碳三、碳四生产出汽油、柴油和润滑油，再输送到乙烯装置处理成化工原料，伊科思取碳五制成橡胶原料，齐隆化工取碳九制成石油树脂……众多企业都在这条碳供应链上各取所需，生产出不同产品，实现了自身价值。金久奇（抚顺）药业董事长徐桅博士认为，碳元素这条线很梦幻，更多的尚在发现当中，被发现和利用的只是少数，对于抚顺和企业来说，强链延链补链充满机会。

抚顺石化公司在处理原油和生产产品时，需要成百上千种原料，就产生了新的供应链，抚清助剂、辽宁昆兴便是供应链上众多企业之一。齐隆化工总经理张宇介绍，齐隆化工提取碳九并生产石油树脂之后，将原料作为新产品回供抚顺石化公司，双方工艺联通、原料互供，实现了双赢，为进一步扩大企业间的深度合作、融合发展提供了范式。

抚顺石化公司作为上游供应链的终端，下游生产链的起点，作为头部企业处于链主地位，对发展高端精细化工至关重要。近年来，抚顺石化公司、高新区管委会和区内企业紧密配合，在化学医药领域取得了重大突破。上药集团绿色原料药生产基地落户高新区，抚清助剂高纯度过氧化物作为肿瘤靶向药原料行销全球，金久奇（抚顺）药业生产的原料药成为治疗新冠病毒类疾病的重要成分，鑫盾药业的辅助原料持续更新迭代，顺特化工生产的维生素走向系列化……在抚顺，强链、延链推动精细化工走向高端化。

补链，增强产业丰厚度

"八五""九五"期间，抚顺产业门类齐全，部优省优产品众多，到今天优势不太明显，这是为什么？温州一家鞋厂老板告诉我市招商干部，温州鞋行分工很细，鞋带、鞋底、贴标、运输、销售都有专门的公司负责，单纯一家到外地去发展都不好使，因为它的供应链、产业链、服务链在温州。我们以往将这种失利更多归结到体制机制政策措施层面，现在更清楚的是产业链、供应链起到了决定作用。

产业供应链丰厚度决定了产业链的韧性，通过补链增强产业丰厚度，是保障供应链、产业链安全的重要途径。我市现有企业分属四次工业革命的不同阶段，以"老字号""原字号"为主，多数处于产业链底部，存在着关联度、贡献度不高等实际问题。为解决这些问题，市、县（区）党委和政府说服动员头部企业做到采购和销售时本地企业优先，每年多次举办交流交易会，推进区域间的协作配套，引导更多底部企业成为头部企业的卫星企业。而抚顺市添泷耐火材料有限公司就是这一举措的最大受益者。

地处新宾南杂木镇的添泷耐火是一家名不见经传的民营企业，10多年前，在市政府组织的一次协作配套项目洽谈会上，建立起给抚顺特钢供应耐火材料及相应服务的业务联系。在10多年的合作中，添泷耐火围绕抚顺特钢需求，在机械装备、技术工艺、产品应用、质量体系、服务标准等方面均做出相应调整，并逐步达到国内同行业领先水平，也扩大了服务范围，现在除给抚顺特钢提供优质产品服务外，与鞍山、本溪的钢铁企业也建立起合作关系。2021年，添泷耐火产能突破10万吨，实现销售收入5亿元，为地方贡献税收6000万元。

着力创新蓄底气

在转型振兴的时代大考中，老工业基地如何交出合格答卷？创新、创新、创新！抚顺人在转型振兴的探索路上，找到了令自己脱胎换骨、蝶变新生的密钥。创新链服务链生产链融合发力，凝聚产业现代化的磅礴动力，推动"三个融合"，建设"两个基地""六大产业"，实现"五个抚顺"目标任务。

创新生态聚心气

创新的理念、创新的思路、创新的举措是抚顺产业转型振兴的关键。近年来，抚顺用创新的探索着力推动石化、煤化工、冶金、装备制造业向高端化、精细化、新型化发展，开辟清洁能源、煤矸石、农产品加工产业新赛道，构建起产业发展的新格局。

创新产业生态，打造全流程服务链。通过体制机制创新、管理服务创新、系统流程创新，增强有为政府服务产业的能力，推动全流程服务走深走实。2018年以来，我市深化改革创新，建立17个专班，加强对重点产业、重点项目进行精细管理和精准服务。各部门各县区结合自身实际在服务创新方面进行了有益探索。2021年底，市发改委创新落实载体，成立抚顺农粮优特产品品牌化项目推进"小专班"。"小专班"融入产业创新实践，整合现有资源，打造城乡双向物流链、农产品可溯源信息链、农产品加工链等多个产业链，帮助抚顺粮油集团、中邮集团抚顺分公司、辽宁润恒等头部企业向上争取专项资金9700万元，动员3500多个种植养殖户参与项目运行，提供全方位、全流程服务。

抚顺高新区创建抚顺高新建设发展集团有限公司,使政府服务职能得到有效延伸。高新集团作为生产服务型企业,与高新区企业签订服务合同,彼此之间成为甲方乙方,一切按合同说话,从此再无扯不清的事情。高新集团积极参与央企改革,控股经营北天集团,为地企深入融合发展打下坚实基础。高新集团控股经营诺科新材料,注资亿方化工、辽宁鑫盾等企业,使企业与高新区成为命运共同体。高新区管委会还采取政府购买服务的方式,聘请第三方机构为入驻区内企业提供环保节能、安全生产、融资咨询、人才培训等方面的服务,区内42家企业从中获益。

创新载体存锐气

2020年,抚顺市研究与试验发展经费投入12.13亿元,比2016年增长51.25%。建立完善多元化投融资机制,知识产权质押融资风险补偿基金常态化运行,抚矿集团、东科集团等11家企业享受国家、省专项资金支持,全市企业及科技创新基地累计向上争取资金2.49亿元,市财政通过奖励性后补助项目179项,给予奖励性后补助2414余万元,有效地激发了企业科技创新的积极性和主动性。企业科技研发和成果应用、产品投入资金持续加大。

地企融合,合力打造创新载体、科技平台,加快科研创新体系建设。"十三五"期间,抚顺市整合辽宁石油化工大学、中石化抚顺石油化工研究院及地方资源,在抚顺石化研究院原址上成立了辽宁省石化产业技术创新研究院,搭建起石化科技创新平台,为高端精细化工产业健康发展提供科技引领和支撑。整合省内外科技力量,与抚矿科研中心合作,成立辽宁省固体废弃物产业技术研究院,力求在煤矸石等固体工业废弃物等方面取得科研成果,引领并支持循环经济产业和煤矸石产业走上绿色发展之路。同时,引进了大连理工大学精细化工共性技术创新平台(抚顺)分平台、启迪之星(抚顺)科技企业孵化器等创新平台。

创新科研路径,采取"揭榜挂帅""带土移植"等方式,整合国内外科研力量,为高质量发展积聚底气。金久奇(抚顺)药业、高新集团、大连理工大学国家级化学实验室合建研究室,承担辽宁省重大科研专项。金久奇(抚顺)药业还与德国国家化学研究所深度合作,并取得科研成果优先使用权。抚顺新钢铁与东北大学合作创建科研中心,聘请中科院院士担任课题牵头人,采取课题奖励方式,鼓励科研人员针对企业难点痛点堵点进行科研攻关,先后帮助企业解决10多项"卡脖子"技术问题,增强了企业核心竞争力。"十三五"期间,抚顺市先后组建中科院沈阳国家技术转移中心抚顺分中心以及省级技术转移转化机构、众创空间9家,累计完成转移转化科技成果300余项，签署产学研合作协议100余项，技术合同成交额29.8亿元。

创新主体扬志气

企业是创新主体，高新技术企业、科技型企业是重要标志。"十三五"期间，抚顺市深入实施"高新技术企业三年倍增计划"，截至2020年，全市国家高新技术企业达到174家，比2016年增长287%，注册国家科技型中小企业279家、现代农业科技型龙头企业59家。仅高新技术企业中成功培育"瞪羚"企业达11家。全市216个项目获国家、省（部）级科技奖励，153个项目获市级科技进步奖，专利授权量为1888件，比2016年增长176%。全市规模以上工业企业高新技术产品产值达496.4亿元，高新技术产品增加值达101亿元。

善弈者谋势，创新主体集体发力，彰显生机活力。东科精细化工有限公司2010年入驻高新区，主要生产减水剂系列产品，接着又聚焦锂电池、日用化学品生产。2018年，东科药业破土动工，同时与天津大学化学系建立联系，2021年东科日用化学品生产线落成。东科集团能够在市场竞争中抢占先机，主要得益于科技创新，得益于与各科研院所的合作。

1965年出生的陈春毕业于抚顺师范学校，毕业后到清原夏家堡镇中学任化学教师，后被借到乡镇化工厂当厂长，在企业转制时他取得企业所有权，将企业更名为抚清助剂厂。经过不断创新技术工艺设备，将过氧化物由70%的工业级提纯到96%的医药级，成为肿瘤靶向药的重要组分。2016年，抚清助剂走出大山，在高新区建厂。他以技术入股，吸引两家企业落户高新区。高新区以这3家企业为基础，准备将其打造成全球过氧化物生产基地。

在高新区42家企业中，大多数是"专精特新"和科技型企业。有的企业1年只生产几吨化工染料便可以冲抵全年的生产经营成本，其他产品销售全部都是净利润。有的企业生产的品种较多，每个品种的产量都不大，却在全国市场上占有较大的份额。东联安信，就是这些企业中最具代表性的一个。

绿色是生命的象征、大自然的底色。进入新时代，抚顺作为老工业基地秉持绿色发展理念。绿色发展深入人心，生态文明建设融入日常。聚焦建设生态文明、绿色抚顺目标任务，大力发展生态产业、循环经济产业、清洁能源产业，在生态保护、节能减排、变废为宝等方面取得重大突破，为打通绿色发展通道，绘就产业发展新画卷，城市转型迈出新步伐。

满眼绿

回放历史，一代代山民以山为家、以水为邻，靠山吃山更养山，坚持植树造林、封山育林、退耕还林、退耕还草，驰而不息，久久为功，辽东山区森林覆盖率由最低时的50%以上增加到现在的72%以上，居全省前列，远远高于全国平均水平。20世纪90年代后期一直延续至今的大伙房水源地生态保护行动，更是把辽东生态保护发展推进到极致，仅2018年以来就关停搬迁企业200多家。占市域面积一半的大伙房水源生态保护区再无污染企业，农业农村面源污染正在解决当中。坚持生态发展导向，大力发展绿色产业，始终是抚顺人的坚定选择。

以『绿』为底织锦绣

全市上下视绿色生态为高质量发展底色，始终突出构建辽东绿色生态发展示范区主题，持续拓宽"生态+N"发展模式，加出绿色发展新高度，加出三次产业融合新路径，筑起辽东绿色生态屏障。各县区实施生态立县（区）战略，不断增强绿水青山的变现能力，让好山好水好空气成为最普惠民生福祉。生态+特色农业+健康产业，铺就农民致富路，中药材种植、食用菌产业规模及产量居全省第二位。生态+文化+旅游产业，让绿水青山、冰天雪地成为金山银山，数十万人吃上旅游饭。生态+清洁能源产业大放异彩，以清原抽水蓄能电站、清原40万兆瓦热电联产项目为代表的清洁能源产业方兴未艾。

绿色发展惠及民生。清原英额门镇橡子沟村三代农民接续发展中药材种植业，2017年起连续5年销售收入超过1亿元，成为远近闻名的"亿元村"。新宾永陵镇赫图阿拉村村民罗峰种植的药材草乌，创下亩产10万元的纪录。抚顺县后安镇的单片黑木耳获得地理标志认证，行销全国。抚顺市农科院研发的抚香四号香菇品种，推广到全国20多个省市，成为当地农民的致富利器。

初长成

抚顺是一座以能源产业为主导的重工业城市，曾经拥有亚洲最大的露天煤矿、最大火力发电厂和国内最集中的石油炼化企业，随着煤炭资源日渐枯竭、原油配额日益收窄，经济发展压力也会日益加大。为应对这种变化，以清原抽水蓄能电站为代表，以水利、光伏、风能、垃圾、生物质发电和氢能源、锂电池为主要形态的清洁能源产业悄悄孕育和强势崛起。

清原抽水蓄能电站是国家新一轮振兴东北的重要项目之一，也是清原经过10年努力争取到的重大项目。这个项目由国家电网新能源投资总公司计划投资109亿元建设，总装机容量180万千瓦，建设周期78个月，2016年底开始土地征收和移民新村、附属公路项目建设，2017年3月由3个"中"字头企业组成项目总承包工程经理部进入施工现场，当年全省春季工程启动仪式在这里举行。经过近6年的昼夜施工，当前地下厂房、上下库坝、交通涵洞等土建工程均已进入收尾阶段，主要设备开始安装，预计并网发电时间将适度提前。这一电站在用电低谷时抽水蓄能，在用电高峰时发电，对东北电网安全运用起保护作用，被称为东北电网的"稳压器""充电宝"。

由中能集团投资修建的清原40兆瓦生物质发电项目于2021年12月并网发电，将促进农林废弃物转化为清洁能源，从而破除农民焚烧植物秸秆的陋习。抚矿集团、江西展宇、东方发电的农光互补项目和村屯农家屋顶光伏发电项目占有清洁能源很大比重。抚矿集团垃圾发电项目也正式运行。中能集团风力发电项目正在积极推进当中。抚顺清洁能源体系"初长成"，不久的将来会出落得越来越好。

结果实

抚顺煤田在120多年开采过程中产生了巨量的剥离物、工业废弃地，形成了废旧矿坑采煤沉陷区、采沉影响区，其中2亿吨的采矿剥离物就堆成了东、南、西、矸子山、旺良"五大舍场"，仅西舍场占地就多达10平方公里。综合治理和优化城市南部地区，有效利用巨量固体废料，便成了城市发展的重要课题。

2019年，抚顺市委、市政府和抚矿集团围绕煤矸石综合利用这一痛点、堵点、难点问题开展联合攻关，依托科技创新解决"卡脖子"核心技术，推动地企融合发展。市政府出台的《抚顺市煤化工和煤矸石产业"十四五"发展规划》明确提出，实现消化增量、减少存量的目标任务。有关部门积极向上争取，促使辽宁省大宗固废研究院于2021年底落户抚顺，搭建起以大宗固废为主的科研平台，服务全市企业。

抚矿集团东露天矿每天都有大量煤矸石产出，一部分运抵西露天矿用于回填，迟滞偏坡带来的地质灾害，一部分运到抚矿集团煤矸石产业基地。经过多年努力，抚矿集团科技研发中心以煤矸石为主要原料的有机肥技术配方，在沙漠绿化、水田土质改良等方面取得重大突破，由抚矿集团联合社会投资的50万吨有机肥项目一期工程已经形成20万吨产能，二期工程稳步推进。同时，抚顺胜利经济开发区、抚顺县石文镇等地也建起了以煤矸石为主原料的有机肥厂。

抚顺新钢铁有限责任公司与西安建工大学等科研院校，围绕自产钢渣、水渣和煤矸石整合利用开展联合攻关。在工业废弃物制作装配房屋组件方向上取得重大突破。企业负责人介绍，新钢铁以全面构建建筑材料综合服务平台为目标，在建筑用钢材定制等方面进行了有益尝试，成为沈白高铁多标段和沈阳部分房屋开发企业的合作伙伴，已经与望花区政府签订共建产品深加工基地协议，并已将原合金钢厂改造成为生产基地。

尽管煤矸石产业结出的果实还很小，但目标已定，前景可期。

鼓角争鸣急，万马战犹酣。近年来，在浑河两岸的沃土上，项目导向拼抢争实，项目建设如火如荼，擎起抚顺高质量发展的"四梁八柱"。在良好营商环境的引力下，抚顺正在成为投资洼地、创业宝地、发展高地。

盯紧项目谋

项目是推动经济发展的关键所在、后劲所在，重大项目既可以带动城市大发展，拉动产业大提速，还可以增加城市的吸引力。可以说，没有项目，发展就是一句空话，没有项目，就一定没有未来。

近10年来，抚顺牢固树立"经济发展，项目为王"理念，坚持精力围着项目转、资源围着项目配、工作围着项目干，做好盘活存量、引入增量、做大总量、提高质量的文章，策划储备了一批符合国家产业导向、政策投向，符合抚顺"六大产业"高质量发展要求的投资项目，为抚顺转型发展蓄能。

吃透政策精神，是提升项目谋划能力，厘清谋划思路的源头活水，借助外脑外力，科学谋划项目，补齐短板，可以提升项目谋划运作质量和效率。近年来，围绕国家、省里的重大战略部署，抚顺持续充实完善项目库，围绕交通、能源、水利、基础设施建设等领域补齐短板，加大争取力度。

"十四五"时期，是抚顺转型振兴的关键时期，抚顺充分发挥全市项目专班作用，围绕"建设两个基地、推动三个融合、发展六大产业、建设五个抚顺"规划目标，致力于沈阳现代化都市圈建设、辽东

绿色经济区、石化精细化工新材料产业基地、高端冶金新材料产业基地和西露天矿采煤影响区治理等方面谋划项目。策划包装了一批基础设施建设、山水林田湖草、西露天矿土地复垦、生态恢复、产业转移等重大项目，并积极推动西露天矿综合治理与整合利用、西舍场光伏发电、清原抽水蓄能二期和大伙房水库水源保护二期等一批全市重点项目纳入国家重大项目储备库。全市实行"全口径、全周期、全要素"的项目全生命周期管理机制，加强过程管理，截至目前，共谋划"十四五"期间储备项目1107个，计划总投资达3034亿元。

跟着项目走

近年来，抚顺坚持"工业立市、工业强市、产业兴市"理念，牢固树立"大抓项目，抓大项目"导向，集中力量资源招引大项目、好项目，培育好企业、大企业，以招大引强和培优育强为抓手全面为高质量跨越式发展聚势赋能。

营商环境是高质量发展的土壤，营商环境的优劣，直接影响企业的兴衰，持续优化营商环境是适应经济发展新常态、推动高质量发展的重要抓手。优化提升营商环境需要凝聚全社会共建共营营商环境的合力。一直以来，抚顺以"人人都是营商环境，个个都是开放形象"为目标，把优化营商环境摆在事关发展全局的战略位置，通过完善体制机制、深化改革、助企纾困等举措，打造投资洼地、厚植兴业沃土。

为推动重大、重点项目早建成、早投产、早达效，抚顺市委、市政府成立了项目专班，推出"项目管家"服务模式，将服务对象"找到我"变为主动"走上前"，将"找上门"变为"送到家"。各"项目管家"充分发挥协调服务职能，深入项目施工现场，发挥"项目管家"作用，全面落实"要素跟着项目走"，提供全链条要素保障，全流程为项目落地保驾护航。此外，有效运用国家重大建设项目库，建设抚顺市项目综合管理平台，将全市投资项目纳入全市项目问题协调解决机制中，强化项目问题的过程管控，横向打通招商、审批、规划土地部门，纵向打通市、县区、园区、企业。坚持以打造"办事方便、法治良好、成本竞争力强、生态宜居"的一流营商环境为引领，以更好服务市场主体、实现"办事不求人"为目标，以改革创新为手段，稳步推进优化营商环境工作取得新成效，为全市高质量发展赋能。

抓住项目建

近年来，抚顺聚焦全省15类重大工程，抢抓政策机遇、市场机遇谋划项目，高频走进企业、直达现场破解难题，"拼抢争实"抓前期、抓开工、抓进度，一批又一批项目先后落地。

如今，在抚顺大地上，重大工程项目建设可谓高潮迭起。总投资198亿元的沈白高铁（抚顺段）项目正按照计划加紧施工进度；总投资109亿元的辽宁清原抽水蓄能电站一期项目，第一台机组将于2023年投产运营；总投资75亿元的辽宁清原抽水蓄能电站二期项目年内预计完成项目预可研编制；总投资15.9亿元的抚顺新钢铁转炉节能环保升级改造项目主体工程进展顺利；总投资6.6亿元的抚特钢均质高强度大规格高温合金及超高强度锻材工程化建设项目正在建设厂房和安装设备；总投资22亿元的辽河流域山水林田湖草生态保护修复工程已于2021年开工建设；积极融入沈阳现代化都市圈，持续推进纳入省沈阳现代化都市圈年度工作要点的8个项目建设实施。仅2022年，抚顺共推动实施重大工程项目325个，计划总投资454.4亿元。

时间像一把标尺，丈量着城市的发展速度与质量。2022年，是抚顺转型振兴发展的关键一年。前三季度，全市开复工重大工程项目达268个。其中，工业投资占比40.3%，增长13.6%；制造业投资下降0.5%，高技术制造业投资增长3.2倍，数字化赋能投资增长66.7%；基础设施投资增长13%；房地产开发投资下降2.2%，投资结构进一步优化。年度列入全省重大工程项目67个，计划总投资283.5亿元。

近年来，抚顺营商环境建设更优，烙印在振兴发展的道路上；项目建设质量更高，书写在转型升级的画卷上；企业发展信心更足，呈现于殊为不易的突围中；科技创新后劲更足，展现在奋进不息的态势中，抚顺新的宏大场景正在徐徐展开。

全市上下主动承担起沈阳现代化都市圈和辽东绿色经济区的双重责任，全力推进沈抚同城化进程，加快沈抚交通一体化进程，进一步拓展产业发展新空间。突出产业链头部企业对地方经济的拉动作用，着力依托地方与中央、省、市直属企业，推动区域融合、地企融合、军民融合，在区域融合发展、地区协调发展、产业结构调整、新产品开发应用、发展成果惠及民生等方面取得长足进步。

区域发展开局
都市圈

近年来，全市上下抓住辽宁省"一圈一带两区"战略带来的战略机遇，主动融入沈阳现代化都市圈，借助辽宁中心城市航天航空、汽车制造、智能制造等产业优势，着力发展高端精细化工、高端冶金新材料、先进机械制造产业，实现优势互补、错位发展、融合发展，开创产业发展新空间。主动融入沈抚改革创新示范区，借助沈抚改革创新示范区的政策优势、产业优势、科研优势，承接沈阳现代化都市圈、沈抚改革创新示范区溢出项目，做大"飞地经济"总量，做强望花、顺城经济开发区，全面增强地区产业发展活力。

沈抚两市共同发力，共同规划交通一体化格局，打造1小时环城交通网，为两市同城、产业整合提供基础。2021年起，两市交通规划部门共同制定沈抚交通一体化"十四五"规划，确定交通发展重点项目，沈白高铁等一批铁路公路交通设施开工兴建。沈白高铁全线开工，抚顺段建设按时序推进，抚顺即将迎来高铁时代。抓住交通一体化带来的物流便利，着力发展现代服务业，发挥大商集团抚顺股份有限公司和万达城市商业综合体的龙头作用，创新服务业态，创建沈抚

商业联合体，运用5G技术打造更多应用场景，给用户全新消费体验；构建新型物流仓储和快递服务业，增强电商平台辐射能力和物流配送服务质量，创建起就实向虚的现代服务业新体系。

沈阳、抚顺两市，山同根，水同脉。近年来，全市上下积极行动，发挥山水资源优势，率先融入辽东绿色经济区发展，清原、新宾"八仙过海，各显神通"，朝着打造辽东绿色经济示范区目标迈出扎实一步。大力发展全域全季全员旅游，不断完善旅游产业景区景点建设，推出启运之旅、生态游、短途游等精品旅游线路，持续提升辽宁中心城市"后花园"品质。坚持科技创新，深化农业供给侧改革，调整农业产业结构，增加生态农业、绿色农业比重，扩大高标准农田规模，提高单位面积贡献度，提高农产品深加工，确保粮食安全，实施以做大中草药、食用菌、山野菜为主要内容等"八大工程"，培育农村电商平台和新型农村经营主体，促进农民增收，巩固拓展脱贫攻坚成果，推动乡村振兴。

共商共建共享
高新区

2005年，国家实施中石油抚顺石化公司"千万吨炼油、百万吨乙烯"炼化基地的同时，我市启动高新技术产业开发区建设，也拉开了地企融合发展的大幕。同在蓝天下，共下一盘棋。两个项目同时规划设计，同时征地打桩，同时施工建设，同时投产运行。在规划设计时，抚顺石化公司的装置上预留了输送液体原料接口，高新区内架起了承接原料的管道管廊，乙烯装置试车时，原料就通过管输流向各个企业。"四同时"也为高新区招商引资、项目落地埋下伏笔，伊科思、齐隆化工等企业就是冲着两个项目运行一体化来的。

高新区运行之初，拟建一座装机容量为30千瓦的火力发电厂，为入驻企业提供生产用气和冬季供暖，并且通过省专家组评审。市、区两级政府在审批时发现，当时高新区企业较少，附近又没有集中连片的居民区，恐怕新电厂陷入"大马拉小车"的两难境地，便与中石油抚顺石化公司、辽宁能港发电有限责任公司磋商，拿出一个兼顾各方利益又节省资源的方案：放弃新建发电厂计划，高新区企业供热由抚顺石化公司热电厂提供，抚顺石化公司热电厂让出原城区供暖区域，供暖业务移交给辽宁能港。此后，抚顺石化公司与高新区还在公共设施建设、公共服务平台建设方面进行了紧密合作。抚顺石化公司和高新区及区内化工企业正常运行后，抚顺石化公司与区内企业科技人员共同探讨并优化生产工艺，推动"1+N"技术工艺一体化。齐隆化工提出将部分产品加氢工艺前置到齐隆化工，理由是齐隆化工能够提取更纯正的碳九原料，生产出更好的石油树脂，抚顺石化公司也会因减少部分产品的加氢工艺而降低生产成本，双方迅速对接，将部分产品加氢工序放在"齐隆"。

高新区通过招商引资、引进辽宁鑫星等新项目，鼓励顺特化工、齐隆化工、东联安信等先入驻企业尽早尽快完成项目二期、三期工程建设，优化和延长下游产业链，创新工艺流程提高精细化工深加工能力。同时，引进抚清助剂、辽宁昆兴等企业，为抚顺石化公司提供上游原料，以丰富抚顺石化公司供应链。2020年以来，抚顺石化公司投资100多亿元，实施"减油增化"工程，现有两套生产装置已经投入运行。同时，中石油抚顺石化公司推动国企改革纵深行，所属"厂办集体"北天集团改制。在抚顺市国资委、抚顺高新区的协调下，抚顺高新建设发展集团有限公司占股51%，对北天集团实现控股经营，地企融合，真正做到了"你中有我、我中有你"，成为推动地区高质量发展的命运共同体。

主动行动牵动
新钢铁

望花区与抚顺新钢铁有限责任公司共闯产城融合发展新路子，共建生态文明新生态，共享绿色发展新成果。

抚顺新钢铁投资2.4亿元，建起余热回收系统，将高炉冲渣水、循环冷却水、各种烟气等余热资源收集、加工，转换成优质热源，为望花区和沈抚改革创新示范区供暖。2020年，实现供暖面积600万平方米，预计2023年供热面积将达到1000万平方米。同时，利用余热一年四季为周边浴池、健身房、宾馆、游泳池等用户提供热水。这不仅为企业培育新的获利点，还创造了巨大的社会效益和环保效益。按照600万平方米供暖面积计算，每年可节约标煤10万吨，年均减少粉尘排放量971吨，还减少了碳、硫、氮的排放量。

近年来，抚顺新钢铁与科研院校合作，聚焦中水回用、废旧轮胎、固废利用和煤矸石有效开发，让工业废气废水废弃物变为可循环利用的资源，大力发展循环经济产业，努力打造资源节约、环境友好型的绿色钢铁企业。该企业与距离企业1.5公里的三宝屯污水处理厂合作，将经过处理的水资源引进企业循环水系统，替代自来水补足工业用水，做到中水回用。新钢铁已在钢渣、水渣综合利用方面取得重大突破，实现工业废弃物的循环利用，实现工业废水废气废弃物零排放，建起企业内部循环经济生态。

2022年5月13日，新钢铁亮相辽宁省城市更新暨第九届中国（沈阳）国际现代建筑产业博览会，现场展示建筑业综合服务平台最新成果，推介产城融合发展、政企共建产业园的绿色发展模式，并跻身《第三批辽宁省装配式建筑示范产业基地》行列。目前，新钢铁已盘活企业附近2万平方米闲置厂房和征收土地6万平方米，与望花区政府共建深加工产业园，与入驻企业共同生产装配式房屋组件，实现企业由单一生产型企业向生产服务型转变，最终成为建筑业综合服务商。

抚顺特殊钢股份有限公司（简称"抚顺特钢"）始建于1937年，2000年12月，股票在上海证券交易所上市。

抚顺特钢控股股东是东北特殊钢集团股份有限公司（简称"东北特钢集团"）。抚顺特钢生产了新中国第一炉高速钢、第一炉奥氏体不锈钢、第一炉超高强度钢、第一炉高温合金、第一炉超低碳不锈钢等，是我国特殊钢材料重要的研发和生产基地，被誉为"中国特殊钢的摇篮"。

抚顺特钢始终坚持"特钢更特"的发展理念，形成了以"三高一特"（高温合金、超高强度钢、高档工模具钢、特种不锈钢）的核心产品，广泛应用于航空、航天、核电、石油石化、交通运输、工程机械、医疗等行业和领域，覆盖六大洲、30多个国家和地区。

2021年5月15日，中国天问一号火星着陆器成功着陆在火星北半球乌托邦平原，在火星上首次留下中国印记，迈出了我国星际探测征程的重要一步。中国兵器特能集团华丰公司火工品助力天问一号成功着陆火星。近几年，华丰公司已经先后为北斗三号、嫦娥四号、嫦娥五号、天问一号等重要航天发射任务提供了数百套件产品，为建设航天强国作出了应有贡献。

煤都

抚顺特殊钢

抚顺石化『大乙烯』

华丰火工

抚顺，历史上素有"煤都"之称。

1901年，抚顺开始了煤炭开采。从那时起，抚顺就成了世人瞩目之地。抚顺煤炭以产量高、质量好著称，黑黑的"乌金"给抚顺带来了财富与辉煌，仅新中国成立以后就为国家贡献煤炭10亿吨。抚顺是中国最早告别农业社会的地区之一，"煤都"之美誉曾叫响全国乃至全世界。如今，抚顺的煤炭资源已濒临枯竭，但在地理知识里，抚顺永远是"煤都"的标准答案。

作为抚顺石化化工业务的核心装置——年产80万吨乙烯装置，投运时名列中国石油企业同类装置第一名。这个"大乙烯"项目以其卓越的表现，为抚顺石化扭亏为盈和持续盈利作出不可替代的贡献。2015年上半年实现净利润10亿元。

抚顺石化"大乙烯"项目从2006年8月18日奠基，到2012年10月28日全面投产，历时6年建成投产，又经两年检修调整，终于实现满负荷高效运行。

抚顺永茂建筑机械有限公司成立于1996年，是全球最重要的建筑机械设备生产厂家之一。产品以建筑机械和工程机械为主。

"永茂"商标已成为享誉国际建筑机械行业的著名品牌。产品覆盖全球80多个国家和地区。自2005年以来，永茂建机的"大型塔式起重机类"产品以领先的优势，出口额一直位居行业的领先地位。曾参与港珠澳大桥等重大工程建设，在全球建筑建设和发展中提供了技术先进的大型建筑设备，在为基础建设提供服务的同时，还为水电、核电、造船、码头、桥梁、航天等工程项目提供产品与服务。

文化符号

清原抽水蓄能电站

抚顺永茂建机

『中国火电之母』

清原抽水蓄能电站位于辽宁省抚顺市清原满族自治县北三家镇境内，该电站总装机容量180万千瓦，设计年发电量30亿千瓦，是东北地区最大的抽水蓄能电站。预计到2023年年底首台机组投产发电。

抚顺发电厂被誉为"中国火电之母"。始建于1908年的抚顺发电厂几经易址扩建，曾是亚洲最大的火力发电厂。作为国家"一五"重点建设项目，该厂生产迅速恢复，并进行了扩建。1959年，抚顺发电厂总装机容量达到288.5兆瓦，是当时全国最大的火力发电厂，同时也是东北电网的主力发电厂。2002年，国家实施电力体制改革，抚顺发电厂划归中电投集团公司。"抚电"的两台200MW供热机组受地质灾害影响，已于2011年全部停运。

古塔晴云连苍穹
锁阳雪后似春归

浑河两岸

第六篇

一个城市拥有京、都、都护府、郡、州、市、县等名称贯穿历史的并不多，而抚顺就是这样一座集各种级别名称为一身的北方文化名城。

抚顺地貌呈东西狭长之势，像一枚钥匙插在古辽东沼泽地区与辽东山区门户上。

抚顺自古以来就是中国东北地区及东北亚交通咽喉要道，现在的沈阳由于处在浑河冲积扇上，加之蒲河、辽河等水系夹击，地势低洼，洪涝频繁，城市地理优势在相当长时间还不像现在这样突出，人们想跨越古辽东沼泽地区进入广袤的北方，经朝阳（营州）到辽阳、沈阳，进入辽东山区最佳落脚点就是浑河入潦口抚顺。

汉代新城玄菟古道、隋唐营州古道、满族故里、清王朝祭祖御路等都要经过抚顺，这就是汉玄菟郡、唐安东都护府、辽贵德州、明代抚顺千户所等选择在今抚顺筑城立市的主要原因。

掌握和立足抚顺，就拿到了打开北方的钥匙，所以，抚顺又有北方"锁钥之城"之称。

抚顺古代第一个城市中心在今新宾满族自治县境内。其中最著名的新宾永陵南城址，是汉四郡之一玄菟郡第二郡治遗址，目前为全国重点文物保护单位。汉朝实行郡县制，郡相当于现在的省级建制。西汉始元五年（公元前82年），玄菟郡迁至今新宾，东汉永初六年（112年）迁到抚顺市内。具体在什么位置，学术界尚有争议，一般认为郡治在浑河左岸、位于今抚顺市新抚区辖区内的劳动公园处。有种说法，抚顺高尔山新城之所以叫"新城"，是因为浑河对岸的玄菟郡城叫"老城"。

从公元前82年玄菟郡搬迁至新宾永陵南城址算起，抚顺城市历史距今有2100多年历史，这在全国并不多见。

从西汉到两晋，玄菟郡在浑河流域存续约500余年时间。这座古城再次兴起则是明朝末年，与玄菟郡南城址咫尺相望的赫图阿拉故城，也是全国重点文物保护单位，它被称为建州女真建立后金政权"第一都城"。赫图阿拉故城在天聪八年（1634年）被尊称为"兴京"。从玄菟郡郡治到赫图阿拉故城，对东北地区和国家统一、民族融

锁钥之城

浑河两岸　第六篇

/ 151 /

古塔晴云连巷穹

锁阳雪后似春归

合产生重要影响的新宾，是抚顺第一个城市中心。

第二个城市中心大约在今以永安桥为中心的浑河两岸。东汉永元二年（90年），玄菟郡搬迁到抚顺市区。东晋咸康年间，城市中心从浑河南岸转移到北岸的高尔山城。高尔山城被称为新城，新城这个地名开始频繁出现在《旧唐书》《新唐书》《资治通鉴》等重要历史典籍之中。

唐代著名的安东都护府、辽代贵德州州城所在的位置其实就是新城。目前，抚顺的新城路、贵德街等街道名称就与这些古代历史有关。明代抚顺城市地位与沈阳相比有所下降，今天的沈阳升级为卫所，而抚顺城市级别为千户所。明末清初，皇太极修宫建陵定都沈阳，抚顺逐渐被边缘化。

1901年，清盛京将军增祺向王承尧、翁寿颁发开采千金寨煤矿许可。是年，王承尧在杨柏河建立的矿坑正式出煤，抚顺现代城市历史掀开新的一页。抚顺作为浑河流域著名的古城，因为抚顺煤矿的大开发，掌握了"资源钥匙"，从而成为全国乃至亚洲有影响的新兴城市。

1902年，清朝划承德县东部地区设兴仁县，其治所在今沈阳市区。抚顺属之，并设典史一员，以为襄理。1908年，清政府批准改兴仁县为抚顺县。这是抚顺地方以抚顺命名建制的开始。1909年，抚顺县定治所于千金寨。千金寨是抚顺现代城市的起点和发端，也是城市发展的第三个中心。

新中国成立前，抚顺城区人口不到30万人，而新中国成立后开始的新中国工业化革命，让这个城市无论是人口还是规模，都迅速跻身于全国特大城市前列。共和国第一个五年计划，抚顺市成为中央直辖市，人口从20多万人，增长超过100万人。抚顺为共和国发展作出过巨大贡献：抚顺煤炭开采高峰期曾占全国总产量的1/10；在大庆油田发现之前，抚顺炼制的页岩油是新中国的主要油料来源，曾占全国石油总产量的30%–50%；新中国的第一吨铝、第一吨镁、第一吨硅、第一吨特种钢、第一台机械式挖掘机，均产自抚顺；抚顺石化、抚顺铝业、抚顺特钢、抚顺发电厂、抚顺挖掘机厂为支援全国各地经济建设输送了大量人才和技术力量，使抚顺成为"共和国工业母机"；在国民经济三年恢复和"一五"时期，国家156个重点项目中有8个安排在抚顺；抚顺生产的特钢应用于我国第一颗人造地球卫星、第一枚导弹、第一艘潜艇及神舟系列飞船……

新千年前后，抚顺城市建设进入快速发展期，棚户区改造、房地产开发让城市焕然一新，城东新区、沈抚新区都是近30年发展起来的新城区。近年来，抚顺聚焦资源枯竭型城市转型，坚持"工业立市、工业强市、产业兴市"，大力发展实体经济，积极打造良好营商环境和自然生态环境，坚持"实好干"，全力推动抚顺"二次创业"。

从大伙房水库坝下起，到沈抚接合部，浑河抚顺市区段全长38.5公里，新中国成立之前只有永安桥、葛布桥等残破的旧桥，而新中国成立后，特别是改革开放之后，由东至西共有16座桥梁把浑河两岸的城区连接起来。依次是章党大桥、辽宁中部环线高速公路浑河桥、甲邦桥、天湖大桥、长春桥、新华桥、永安桥、老铁路桥、将军桥、老葛布桥、葛布桥、月牙岛跨河东桥、月牙岛跨河西桥、石油管道桥、和平桥和雷锋大桥。如今，两岸城区和桥梁成为抚顺最美的风景线。

一个城市的兴衰与资源和交通位置有绝对关系，回望抚顺2000年，这座在中华民族历史上产生重要作用的北方古城，正在转型发展的道路上踔厉奋发、勇毅前行，谱写城市发展新的篇章。

抚顺是一个有故事的城市，讲抚顺故事，人们会说到有温暖笑容的雷锋、叱咤风云的努尔哈赤、铁血丹心的杨靖宇……而这些只不过是最近几百年发生的故事，抚顺城市历史有2000余年，以上的故事不到抚顺城市历史的四分之一。

闲话古城抚顺地名

抚顺在历史上曾经有过不同的名字，2000年前叫玄菟郡，玄为黑，菟为虎，用现在的话讲叫"黑虎之城"，这个名字前后持续500余年；抚顺还有个名字叫新城，抚顺顺城区有新城路、新城浴池，都与新城这个古地名有关。新城曾广泛记载于《旧唐书》《新唐书》《资治通鉴》等正史当中，并且与隋唐两朝兴衰以及薛仁贵、徐茂公等评书中的人物有一定关系，在中国历史上非常重要。

薛仁贵、徐茂公是唐朝初年名将，都是真实的历史人物。他们征战过的重要舞台就有抚顺新城和浑河两岸，由于薛仁贵太有名了，民间为他编了很多民间故事，比如给他杜撰了一个儿子名叫薛丁山，以及战斗力爆棚的儿媳妇樊梨花。后来，人们认为两代人还不够，于是

有了"薛家将"的故事，薛家谱系被拓展到第四、第五代。即使这样，人们觉得还不过瘾，索性另开了一个"副本"，虚构了一个叫"薛平贵"的人……

民间流传说抚顺叫锁阳，无顺曾经还出了一款"锁阳啤酒"，大概是把小说、评书、故事等虚构作品与真正的历史弄混了。历史上与薛仁贵、徐茂公演对手戏的真正历史人物叫泉男生以及泉男建、泉男产三兄弟等，唐朝有一方著名的碑刻《泉男生墓志铭》，记载了泉男生与两个弟弟泉男建、泉男产的爱恨情仇。泉男生为国家统一和民族融合做出过杰出贡献，被唐王朝册封为上柱国、辽东大都督、玄菟郡公，并在抚顺新城安东都护府中办公执政，治理过浑河流域和辽东地区。

正史从未有锁阳就是抚顺的记载，锁阳城在大西北的瓜州，能与抚顺产生联系的是辽金时期，抚顺有一个重要产业就是用煤炭烧制大官窑瓷，瓷器的形制、花色、工艺与西北同时期制瓷工艺异曲同工。

907年，契丹人耶律阿保机建立辽朝，耶律阿保机五弟察割带兵征战西北，俘获大量汉民来到抚顺高尔山新城设置贵德州，其中不乏烧制瓷器的能工巧匠。有人推测，这些工匠有来自古瓜州锁阳的窑工，他们自称是锁阳人，时间久了，抚顺与锁阳就产生了跨地域的联系。顺城区有个社区叫贵德社区，临街的马路叫贵德街，那时的浑河叫贵端水。辽金时期，贵德州城有10余万人，固定住户4000多户，制瓷业为抚顺大官窑的发展奠定了基础，并对当地的农业、手工业、商业等经济发展产生了推动作用。

1088年，高尔山新城修建了东西两座古塔，就是辽代贵德州留给抚顺的一处名胜古迹，东塔毁于战火，西塔目前已经成为抚顺城市的文化地标。

千金寨新抚顺和现代城市

抚顺城市有新旧两个城区，河北顺城区南关、北关一带是抚顺明清古城的中心，如今古城已不在，它周边绝大部分地区都是后来新建的新城区。河南的老城区在千金寨和新抚顺，在没开发抚顺煤矿之前，千金寨只是一个非常小的村落，土地实际拥有者是抚顺著名的邵氏家族。

邵氏家族从抚顺大规模开采煤炭第一天起，就与抚顺这座城市的历史分不开了。邵家原为中原望族，清初邵家祖先加入八旗正红旗领六品骁骑校，后来迎娶一位皇亲格格，并同时得到了千金寨及周边的封地。

采煤征用土地让邵家迅速暴富，邵家兄弟个个是经营商业的人才，这其中邵永年与大太太所生的长子邵葆廉堪称"商业奇才"。邵葆廉，字让之，邵家兄弟大排行老四，人称邵四爷。邵让之年幼母亲病故，14岁离家学徒经商，并用20余年时间打造出自己的商业王国。他抓住千金寨开煤炭契机，把征地补偿款和商业利润投入到房地产经营中。

20世纪30年代，邵家在千金寨和抚顺所拥有的房产多达1100多间。其中最著名的是千金寨旧市街上三层楼的综合性百货商场，传说中的"邵家大院"。实际情况是，商场是商场，邵家大院是邵家大院，邵家大院并非一处，邵家兄弟在千金寨、十二道街、西一路都有各自不同的住宅，都叫邵家大院。

千金寨南迄千台山麓，北接大官屯，东临杨柏河，西靠露天矿边缘（今石油三厂）。东西长约5华里，南北宽约4华里，1936年鼎盛时，人口达11万人，是东北三省为数很少人口超10万人的城市之一。

1922年，日伪当局初步完成了抚顺城市设计规划。这个规划的真正目的是建设新市街，并对千金寨旧市街进行整体搬迁，大规模露天挖掘千金寨下面的煤炭。

邵家和千金寨数千商户与日本侵略者在搬迁上进行了将近10年抗争，在蒙受巨大损失后，于1938年全部迁出千金寨搬到新市街。新市街又叫新抚顺，新抚区的名称就是从这个地名发展而来的。

新市街东、西四路步行街全长800多米，与南北纵横的解放路、中央大街构成了抚顺新的城市商业中心。中央大街北端是俗称南站的老火车站，南端是抚顺矿务局电车站。20世纪八九十年代前，抚顺的城市公共交通主要以约具有百年历史的有轨电车为主，电车从1905年开始运行，横贯望花、新抚、东洲3个城区，截至20世纪90年代中期，它承担了全市60％-80％的客运任务。

抚顺东、西四路步行街见证了抚顺近百年的兴衰。武功街改造后，抚顺商业中心向浙商、万达等新商业区迁移，加上城东地区和其他城区的商业开发，东、西四路步行街的百年芳华不再，只留下许多故事在民间流传。

抚顺解放后坚守工业化，赓续城市化，逐步发展成为以煤炭工业为主导的重工业城市，享有"煤都"美誉，成为以石油加工为龙头的综合性工业城市，成为资源枯竭型城市可持续发展示范城市。风雨兼程120年，从一个小村落到全国较大型城市，城市拓展更新的步伐从未停歇，铿锵有力的足音回荡在历史的天空。

历史回音

120年前，在浑河南岸，千台山下，北接大官屯，东临杨柏河，有一个居住着40多户人家的小村落，因开煤矿，日产千金，1908年更名为千金寨。第二年，日本人夺取煤炭采掘权，开始经营这里，抚顺县公署迁来办公，千金寨日渐繁华，重工业城市由此发端。此后37年里，日本侵略者及其代理人抚顺"满铁"先后推行"新市街计划"和"都邑计划"，城市性质呈现殖民地色彩。千金寨新市街、永安台等专供日本人居住地区，商业街、中央大街和抚顺火车站等代表城市形象的地方，供电、供水、供气、供热等基础设施完备，通信、交通、医疗、教育等服务功能齐全，与基础设施简陋、服务功能缺失的非日本人居住区形成巨大反差。

1937年12月，从抚顺县分离出来的抚顺城、千金寨与"满铁"控制的永安台、站前新市街、龙凤、新屯、万达屋和胜利地区合并，形成东西长约20公里、南北宽约6公里的"满铁"新的管辖区域，被称为抚顺市。1939年4月，日本侵略者实施"都邑计划"，着重开发大瓢屯住宅区、大瓢屯以西及铁路以北和抚顺城地区，规划区域由起初的120平方公里增加至187平方公里。千金寨也因露天矿西扩而消

失。同时沿着铁路线、在煤矿周边建起了包括制油、发电、制铁在内的附属企业，又在厂矿附近建起居民区，逐渐形成东西长、南北窄、多块分割的带状城市。

1948年10月31日，抚顺解放，城市化在一片废墟上启程，一路披荆斩棘、拓土开疆，东连章党，西接沈阳，一路修道架桥、铺设管网，产城分设、生活变样，一路关注民生、深耕细作、棚户改造、世纪华章。74年一路走过，不思量，却难忘，改天换地，盛世气象。

记者走进十里滨水公园，随机采访几位市民。他们对城市发展的总体印象是，天蓝了、水清了、城市长开了、楼房长高了、道宽不够用了、夜晚更亮更好看了。他们铭记的事主要有，住房宽绰了，坐车方便了，煤气改天然气了。

世纪交响

抚顺工业化、城市化同步，工业化影响甚至决定城市化进程。煤炭开采催生并成就了这座城市，这座城市的命运与煤炭开采紧紧地联系在一起。当青年路两侧和榆林地区因采煤而沉陷，因西露天矿坡体偏帮影响企业生产、居民生活的时候，党和政府选择"限采保城"，"北拓"开发城东。当煤炭资源枯竭预警传来，党和政府提前推动城市转型，"西扩"建沈抚新城，"东进"建石化新城。随着"东进、西扩、北拓"深入，城东开发、"两城"建设渐入佳境，城乡接合部和部分近郊农村纳入城市版图，城市向"四肢伸开"布局，城市政治行政文化中心向城东转移，区级城市副中心特色鲜明，更具影响力。

全市上下以房地产开发为载体、为牵动，调整城市布局、完善城市功能、提升城市品质，在城东开发、棚户区改造、"两城"建设等各个战场上取得重大胜利。我市主动弥补房产欠账，先鼓励企业自建联建住房，后搞活房地产开发市场，再实施房屋产权制度改革，房地产开发产业快速发展，年房屋供应量由1995年的20多万平方米增至2005年的100万平方米。城东开发因市政府北迁拉起，开发大自然、银河湾等房地产项目的地产商推波助澜，一期工程在这一年收尾。4个区政府相继异地重建，城市副中心区房地产开发如火如荼。2001年，记者贷款10万元在城东买下一套90多平方米的住房，告别了三代人一套房的窘境。

新千年前后，城市地下管网等基础设施老化问题显现。记者曾在一年采访3起因煤气泄漏引发的火灾事故，深感地下管网改造迫在眉睫。系统改造地下管网终于迎来了两个契机，一个是2002年开始的全市性道路改造工程，一个是2005年实施的棚改新区建设工程。3年多的道改工程改造了城市全部干道和街巷路1000多条，沿路铺设供电供气供水供热和弱电管网，重新设立交通站点，基础设施大换血，登上新台阶。棚改新区建设工程为城市提供了各类房屋200万平方米和与之相配套的基础设施，改善了棚户人家的居住条件和生活环境，消灭了集中连片棚户区，提升了城市形象，释放出大量土地可用于新项目建设。

沿矿建厂，围厂安居，因居建城，结果是企业产生的"三废"噪声影响群众生活，家属住宅又限制了企业发展空间。这样城市结构如何调整？产业结构和城市结构调整一并进行，产城分设，优先发展沈抚新城和石化新城，动员优质企业走出居民区，搬进"两城"和其他工业园区，将亏损企业土地变现用于安置职工做到自动销号，用腾出的好地段发展以房地产为主导的第三产业。当时称这种做法为"退二进三"。随着市区企业迁入、外来新项目持续落地，"两城"城市化水平也越来越高，城乡接合部和近郊农村居民过上城市生活。

盛世畅想

1953年，解放后的第一个带有规划性质的《抚顺城市发行设计初步轮廓方案》出炉。1956年，国家建设部批准实施《抚顺城市初步规划》。1983年国务院正式批准的《抚顺城市总体规划》是抚顺城市规划的奠基之作，此后编制的各类规划多是其延续和补充。2020年以来，我市完成《抚顺市国土空间总体规划（2021－2035）》初步编制，进入审批程序。这一规划直接回应热点问题，并且拿出了相应的解决方案，描绘出抚顺美好未来。心向往之，行将必至。

城市南部多是采煤沉陷区、影响区和工业废弃地，面积占城市建成区的五分之二。2002年起，我市尝试综合治理和整合利用这片土地，在生态景观修建、舍场复垦和打造产业带等方面进行了有益探索，信心更加坚定。2018年以来，地方政府和抚矿集团共同发力，编制以西露天矿为核心的采煤影响区74.73平方公里综合治理和整合利用方案，连续4年开展年度行动，西露天矿"由采转制"，省级大宗固废研究院落地，煤矸石综合利用产业初见端倪，四大舍场承载340兆瓦光伏发电项目，矿山生态利用产业园和青年路沿线建起一竹生态园、东北记忆三题公园、采煤沉陷区实景公园构成新的风景线。城市形象会随着城市南部产业崛起而提升。

通达天下的抚顺之路

道路与城市发展有着正向关系。从以马路为主要道路的古代，到公路、铁路乃至航空共同将城市与世界连为一体的现代，一座城市与世界的距离、与发达经济的距离，不仅取决于地理空间上的远近，还取决于路网格局的高度。宏阔的路网格局，必将推动抚顺进入先进城市的阵列。

皇帝祭祖开"御路"

"山一程，水一程，身向榆关那畔行，夜深千帐灯。风一更，雪一更，聒碎乡心梦不成，故园无此声。"这是清初词人纳兰性德，作为御前一等侍卫，随从康熙皇帝东巡祭祖时写下的词。300多年前，让纳兰性德备感艰辛的这一程路，因为皇帝回乡祭祖，由沈阳经抚顺至新宾一段，被称为"御路"。这条"御路"，成为我市最早的一条公路——沈抚公路的前身。

抚顺，作为历史悠久的古邑之一，历史上曾是重要的古战场。汉唐乃至辽金，战事频仍，行军开路自是必然。明时，为巩固对东北地区的统治，设置和修建关隘、边墙、边堡，抚顺北至铁岭、西至沈阳、南至本溪、东至新宾均有路可通。

到了清代，抚顺作为"龙兴之地"深得朝廷垂顾。从康熙开始，几位清帝11次东巡祭祖，客观上

对抚顺地区道路交通有重要影响。据《满洲志附录道路志草稿》和《兴京县志》《抚顺县志》记载，清代以降，抚顺地区道路交通轮廓较为清晰，11条主要道路将抚顺与周边地区连接起来：承德县（今沈阳）经抚顺至兴京，承德县至新屯，抚顺至铁岭，抚顺至碱厂，土口子至开原，兴京至柳河，旺清门至清原，南八家至海龙，属署（兴京府）至旺清，兴京至碱厂，榆树底至桓仁。其中，沈阳经抚顺至新宾的"御路"，为历代干线道路，是抚顺西通中原，东达吉林、黑龙江的要道。

远去的浑河水运

浑河发源滚马岭，经过的第一个村庄，便是清原满族自治县湾甸子镇砍橡子村。据村民讲，当年这里原始森林茂密，可做宫殿梁柱的巨树比比皆是。兴建盛京皇宫时，从这里砍伐走许多大树去给皇宫做橡木，村子因此得名"砍橡子"，至今这里的两条沟川仍被称为"大砍橡子沟""小砍橡子沟"。老辈人讲，那些被砍下的大树，都是顺着浑河"放排子"水运到沈阳的。可以想见，彼时浑河水量充沛，水路运输相当便利。

据《奉天通志》记载，清朝时，从抚顺到沈阳，浑河沿岸建有许多渡口。渡口根据需要设置渡人的小船和渡车马的大船，有官船、民船和义船之分。仅兴京一带就有5处渡口，它们是苏子河上的赫穆哩渡（今新宾和睦）、呼勒渡（今古楼）、浑河上游的斡湖穆渡（今抚顺县境内扎克丹河）、苏子河西南（今水手堡村）的穆喜渡、苏子河中游的夏园渡（今永陵西夏园村）。此外，浑河沿岸还有葛布街、二道房、大甲帮、得古、洼浑水、营盘、铁背山、高丽营子、二伙洛等多处渡口。

在道路交通不甚发达的清代，浑河水运成为抚顺地区交通的重要构成。只是，今天的抚顺人，只能在想象中遥望浑河上那些远去的帆影。

"玫瑰小站"

"杂木"，为满语"野玫瑰"。位于新宾满族自治县南杂木镇的南杂木火车站，近些年被当地人温暖地称为"玫瑰小站"。这个有着94年历史的四等小站，是新宾唯一的火车站。近百年来，一代代人从"玫瑰小站"走出大山，去往更大的世界。

20世纪初建设的奉海铁路西起奉天、东至吉林海龙的铁路线，成为东北第一条中国人自己设计、建设和管理的铁路线，打破了苏俄、日本对东北铁路大动脉的垄断。奉海铁路贯穿抚顺全境，30%以上的站点在抚顺境内，南杂木火车站便是其中站点之一。

在没有高速公路的年代，南杂木火车站一直是新宾、清原西部、本溪桓仁和铁岭西丰等地的交通枢纽，是辽东山区一个重要中转站。如今，高速公路四通八达，四等小站南杂木客运量锐减。

当年的奉海铁路，如今已发展为沈吉铁路，担当着辽吉两省东部山区运输大动脉的使命。在抚顺，还有一条苏抚线铁路，运行于浑河以南。其经过浑河铁路桥后与运行于北岸的沈吉线会合，它们共同构成抚顺连接外界的钢铁动脉。近一个世纪，它们为抚顺的发展发挥着巨大作用。"玫瑰小站"可谓是抚顺绿皮火车时代的见证者。

时代发展，原有铁路已跟不上城市发展的步履，抚顺人翘盼家乡高铁飞驰。让人振奋的是，2021年6月，穿过市域的沈白高铁开建，抚顺即将进入高铁时代。

四通八达交通网

新中国成立之前，抚顺城区道路总长仅有120多公里，而且破烂不堪。市区内桥梁桥面狭窄且多残破。市区街道除几条主要街路路面铺装沥青外，其余全部为土石路。解放后，抚顺城市道路迅猛发展。到目前为止，抚顺城区道路有684条，其中主干道64条，次干道67条。仅跨浑河能通人通车的桥梁就有15座，跨支流桥13座，立交桥5座。昔年的逼仄巷陌，变成通衢大道。

1953年，连接沈阳和抚顺的唯一公路、曾经的"御道"——沈抚公路（沈吉公路沈抚段）改建，缓解了沈抚两市公路运输的紧张状况。这是抚顺地区第一条黑色路面城外公路，也是全国解放后修建的第一条黑色路面。沈吉线公路，后来成为黑河至大连的国道黑大线的一部分，黑大线是经过抚顺市的唯一一条国家级公路。

1972年，沈抚南线竣工，成为全国第一条一级公路。1993年，沈抚南线高速公路通车，实现抚顺市历史上高速公路零的突破。2010年，抚顺境内建成沈吉、抚通、永桓3条高速公路。农村公路网建设全面完成，100%行政村通上柏油路。

进入新世纪，抚顺路网建设进入发展快车道。沈吉高速、辽中环高速、抚通高速、桓永高速、国道黑（河）大（连）、通（化）武（汉）、饶（河）盖（州）线与全国公路网相连，形成较为完善的交通运输系统，进而形成以高速公路和铁路为主骨架，国省干线公路为主通道，县乡村公路紧密衔接、功能完善、四通八达的交通运输网络。

此外，沈抚"一小时交通圈"构建完成，沈抚两地多条公交线路实现无缝对接。

更值得期待的是，沈白高铁建成通车后，抚顺至长白山由现在的12小时3分钟缩短到1小时22分钟，至北京的列车运行时间由现在的13小时38分钟缩短到2小时38分钟；国道202线抚顺城区段改移（东环、南环）后，将为沈抚两市建立更加安全、快速的货运通道；建在东洲的通用机场，将成为沈阳桃仙机场的疏缓机场……

纵横交错的交通路网，构筑了抚顺城市的血脉和骨架，推动抚顺大踏步迈进现代化城市阵列。

　　历时两年，我们终于走完了抚顺的乡镇，在行走的过程中，我发现乡镇的名称不仅是一个用来记录方位的地理标志，而且还是宝贵的非物质文化遗产。家乡历史悠久，文化底蕴深厚，在这些乡镇的地名中，有的是源于历史的沿革、有的是源于自然环境的变迁，还有的是源于民间的传说故事。这些地名蕴藏着人们对特定自然和人文的独到认知，反映出当时社会的文化特征。地名不但承载着一段精彩的历史和文化记忆，还在宣传城市文化旅游等方面发挥着重要作用。

　　清原镇。这是清原满族自治县政府的所在地。1925年为平定当地匪患，当时的管理者以八家子镇为中心，从开原、海龙、柳河、兴京、铁岭五县各划出一部分，正式成立了一个县。因清河的源头在此，所以县的名字原本叫清源县，有"正本清源"之意，后又因与山西省清源县重名，遂改为清原县，寓意"大地清平"。清原县刚刚建县时，共分成8个区，八家子便是第一区，那时就是清原县城的治所，县一级管理部门的驻地都设在这里。再后来到了1958年，因全国开展人民公社化运动，县城八家子及其周边地区被正式定名为清原镇人民公社，后又改称清原镇。

　　南口前镇。"口前"是满语，意思是河流汇聚之处，镇里有一条海阳河，流经到这里之后便汇入了浑河，南口前镇政府所在地南口前村，就在海阳河与浑河交汇之处的南侧，所以叫南口前。

　　红透山镇。这里是一个典型的工矿型乡镇，周围的山中蕴藏着大量的稀有金属，素有"金山铜岭"之称。红透山的名字，与"红透专深"一词有关，多少还带有一些时代的特征。早在民国时，有人就在这附近的山里发现了金脉，于是建起了几座金矿。1931年"九一八"事变后，这里被日寇占领，他们不但抢占了这里的金矿，同时还派出专业人员对这里进行勘探。1956年国家有色金属工业部在缴获的日寇勘探图纸中，发现了这里有巨大矿藏的秘密，于是便派专业勘探队到这里钻探。当钻头将岩心取出时，因这山石里的含铜量极高，钻出的岩心竟是红色的，所以大家纷纷传说，这山里的铜把整个山都给红透了。之后国务院决定在这里成立一个大型国营铜矿，在确定矿名的时候，主持建矿的总指挥说："我们的工人、工程技术人员、干部要又红又专，我们的探矿工作要'红透专深'，既然大山里的铜把这大山都给红透了，这个铜矿就应该叫红透山铜矿。"于是，红透山的名字就这样诞生了。到了1964年这里建镇，其名就叫红透山镇。

北三家镇。因早年间有那、肇、陶3个家族住在这里以渔猎为生而得名。与之相对应的，在北三家镇南侧不远的南口前镇里，还有一个叫南三家的村子。

敖家堡乡。原叫黑牛屯，传说乾隆路过此地，在一块似牛非牛的大黑石上题诗而得名。后又因这里敖姓的人居多，于是在1984年9月成立了敖家堡乡。

大苏河乡。"苏河"在满语中的意思是"天河"，即天上的银河，这里土地肥沃，山水相依，过去有很多闯关东的人到此开荒定居。

湾甸子镇。曾用名纳鲁窝集、沈水伙洛。纳鲁窝集是满语，意思是像韭菜一样茂密的森林。伙洛也是满语，意为村庄，浑河过去曾叫沈水，且这里地处浑河源头，故而有叫沈水伙洛一说。再后来便改叫湾甸子，甸子是方言，多指林草地，又因这里河湾较多，所以叫湾甸子。

英额门镇。这里曾有一座清代柳条边的边门，即英额门。"英额"为满语，目前对其翻译尚存争议，有说是野葡萄、稠李子、白色的花，还有说是鹿多的地方，至今仍没有定论。在这些说法中，我更倾向于将"英额"意为稠李子，因为在距离这里不远的吉林省通化市通化县，还有一个叫英额布的小镇，一次我走错了高速口，结果开到了英额布镇才下高速又折返回来，英额布也是满语，翻译过来是长满稠李子的山弯。稠李子在当地的山里有很多，花为白色，果实为黑色，成一个个小球状，类似野葡萄，在深秋霜打之后甘甜可口，其枝条既柔软又有韧性，常被当地渔民用来在水中"放排"。

南山城镇。该镇历史悠久，在镇内的南山城村，有一处建在山顶的西汉时期古城遗址，据推测是高句丽早期山城，南山城镇因此得名。2008年这处遗址被列为省级文物保护单位。无独有偶，在小镇北面的吉林通化梅河口市还有一个山城镇，城北也建有一座早期的高句丽山城，山城镇在过去也曾被叫作北山城。

草市镇。这里是辽宁的"东大门"，在明朝永乐年间，因这里地处要道，水草丰盈，故而设立草集用于供应往来的军队和商户，草集就是乡村定期进行买卖交易的集市，草市之名由此而来。

土口子乡。位于清河流域的上游，清代为防止流民进入东北长白山腹地，修筑了柳条边，但是柳条边内的百姓为了到柳条边外谋生，在这里私自扒开了柳条边的夯土堆，形成了一条缺口用于通行，土口子因而得名。

夏家堡镇。清朝末年，部分山东、河北的灾民闯关东迁入柴河附近开荒定居，并与当地的夏氏家族混居于此，逐渐形成了颇具规模的集镇，于是便叫此地为夏家堡。

大孤家镇。隋朝末年，因这里只有两户孤零零的人家，时间久了过往的猎人就分别称其为"大孤家"和"小孤家"。到了明朝，朝廷从关内拨民千余户到此安家，大孤家的名字从那时起便被固定下来，并一直延续至今。

枸乃甸乡。第一种说法是这里原叫"狗奶伙洛"，其名源于一个"义犬救主"的故事。相传努尔哈赤年少时曾被明朝军队追杀，他躲在这里的一个芦苇甸中，追兵找了一圈都没有找到他，于是便四处放火。一路跟随努尔哈赤的大青狗偷偷跑到河边，它先跳到河里浸湿全身，然后跑回到努尔哈赤身边打滚，以身灭火，如此反复，努尔哈赤终于得救，但大青狗却死了，所以满族历来有敬犬之俗，后因"狗"字不宜出现在官方语言中，于是便取谐音改叫枸乃甸。第二种说法是据《辽东古迹遗闻》所载，在隋唐时，因这里生长着大量野生枸杞，所以得名枸乃甸。在这两种说法中，我更倾向于第一种，"义犬救主"的故事在当地流传很广。

新宾镇。这里是新宾满族自治县政府的所在地。据清同治十年所刻《新兵堡九圣神祠碑》称："盖我皇大启鸿图，诒谋燕翼，路径如兹，得新兵一旅，冲锋对垒……而有力此堡。"故而原名叫新兵堡。民国改元后，因此地"人事日繁，商辏有四方来宾之象"，于是改叫新宾堡，新宾之名便由此而来。

永陵镇。这里是抚顺市四区三县内，辖区面积最大的乡镇。因这里有世界文化遗产清永陵而得名，另外后金第一都城——赫图阿拉城也在这里。

南杂木镇。"杂木"为满语，意为"刺玫"，即野玫瑰，又因这里地处浑河南岸，故名南杂木。这里被誉为"辽东第一镇"，中国东北的第一条由中国人自己建设的铁路奉海铁路从这里穿镇而过。另外值得一提的是，镇内的转弯子村有"蝴蝶谷"的美名，日本的"国蝶"大紫蛱蝶，在日本境内已经很少能看到，但在转弯子村的山谷里藏有上千只的大紫蛱蝶，它们和许多其他种类的蝴蝶一起在这里生活，很少为外人所知。

北四平乡。因这里地势四面环山，中间平阔，又在新宾县的北部，故而得名北四平。这里是中国林蛙的主产区，林蛙又叫哈什蟆，在这多以半野生化养殖为主，每年捕捉量约为200万只。

大四平镇。原叫窟窿榆树，相传这里曾有一棵大榆树，树干内有能容得下两人的窟窿，因而得名。后与北四平乡类似，因这里同样地处群山环抱中的平地，又区别于附近东南方向的小四平而得名大四平。

红庙子乡。相传在清雍正年间，当地村民为了感谢上天的帮助，将巨流河边散落的红石头收集起来，并利用这些石头在河边一处高地上建起一座红色的庙宇，红庙子因此得名。为此我也曾专程到这里寻找过那座红庙的遗迹，可惜早已无存，我只通过打听寻得了红庙曾经所在的那座山。

红升乡。因附近有一处红石砬子而得名，"升"取旭日东升之意。在东北地区，多将山上耸立的大岩石称为砬子，在抚顺就有很多地方以砬子命名，如红石砬子、白砬子、鹰嘴砬子、悬羊砬子等。

木奇镇。小镇历史悠久，史称"穆喜"，唐代设置"木底城"，宋代建"木底郡"，清代建"木底洲"。后来因为苏子河流经此处弯折呈牛鞍子的形状，故得名"木喜"（满语），"喜"与"奇"谐音，后来便叫木奇镇。

平顶山镇。其名源于镇内的一座山。据《兴京县志》载："清初名为太平山，山上有三阮形如品字，县南二百里，又称品字山。"相传后来这3个坑内有深水，水里有"避水珠"，因遭到了破坏，坑中再也无水，便改称为平定山。再到后来，因此山从西向东看起来像一个房梁，山顶地势平坦，形如平板，故得名平顶山。

响水河子乡。当地有句俗语叫"平顶山上平顶平，响水河下响水响"。响水河子乡确实是因为河水的响声而得名。在乡里流经两条河流，一条是富尔江，另一条是龙岗山河，又名东河。富尔江和龙岗山河在这里交汇，河水量大，水流湍急，并且经久不息的冲击石头发出巨大的撞击声，故而得名响水河子。

苇子峪镇。据古文所载，昔时此地盛产芦苇，因此被称为苇子峪。

榆树乡。因这里有数株古榆而得名。

上夹河镇。历史上曾将两河相交之地称为夹河，时间久了人们便在两河的上下游定居，形成了村落。按照地理方位，因这里在苏子河和五龙河交汇之处的上游，所以叫上夹河。

下夹河乡。同上夹河镇类似，因这里在太子河和小夹河交汇之处的下游，所以叫下夹河。

旺清门镇。清代修建了有"绿色长城"之称的柳条边，因这里曾有柳条边20座边门之一的旺清门，故而得名。"旺清"代表了当时的统治者对朝代兴旺的一种期望。

石文镇。原名十围场，因古代皇帝贵族在此设围场得名。所谓围场，是指为了打猎而围出的场地。1905年日俄战争时，俄国人在此称石灰厂，后更名为石文厂，石文镇之名便由此而来。

后安镇。后安镇原来叫"后干河子"，过去在这附近有一条小河，因在枯水期经常干涸，老百姓便叫它干河子，后安镇政府的所在地后安村正好在干河子的北岸，人们习惯称北为后，故而得名"后干河子"。后来又因"干"与"安"谐音，又取"平安"之意，于是便改叫"后安河子"，简称后安。与之对应，在干河子的南岸，还有一个小村子叫前安。

救兵镇。此地交通便利，东洲河由南向北贯穿全镇，在历史上常是兵家相争之地。相传当年唐太宗李世民带兵打仗被困于此，于是令人点燃烽火求援，薛仁贵看到烽火后，急忙率援军赶来打败敌军，化险为夷，唐太宗非常高兴，便将此地称为救兵台，后简称救兵。在解放战争时期，中国人民解放军与敌人在救兵镇五牛村一带也发生过激烈的交战，解放军五打救兵台，最终获得了胜利。

上马镇。关于上马名字的由来，在民间有两种说法。第一种说法是清代乾隆路过此地时，也许是坐累了，便从附近的下马村下马，步行走向上马村，走了一段路又觉得走得有些累了，便重新上马赶往下一站，上马因此得名。第二种说法是在宋代，有一个尼姑在此地的一座孤山上修了一座尼姑庵，因尼姑姓马，所以当地人将这座尼姑庵称为马姑子庙，这座山就叫马姑山，又因为这里地处马姑山南侧，古代地图的绘制是"南上北下"所以叫上马古山，后简称为上马。在这两种说法中，我更倾向于第一种说法。

海浪乡。史称韩梁寨，与沈阳的白清寨、本溪的张其寨并称"三寨"，相传清代一个大臣路过这里，见此地山势连绵起伏，犹如海浪一般涌动，见此美景他连声赞叹，海浪也因此得名。

峡河乡。其名称来源于此地的自然地貌，与"夹河"类似，这里地处眼望山河与杜家河的交汇处，故称峡河。

马圈子乡。因清太祖努尔哈赤在此地圈养战马而得名。位于这里的天女山，为第四纪冰川期幸存下来的珍稀名贵花卉天女木兰的故乡，每年5月至7月，这里有成千上万株天女木兰竞相开放，花开遍野、满山飘香，是国内单位面积天女木兰植株最多的赏花佳地。

汤图满族乡。乡政府的所在地汤图村原叫"汤图伙洛"，"汤图"满语为犁托头，就是用来翻地耕种的犁头，"伙洛"为村庄、沟，因这里的地形非常像犁头而得名。三块石国家森林公园位于此乡。

塔峪镇。峪指山谷之间，多用于我国北方地区，比如嘉峪关、慕田峪。因这里地处山谷，据传原来在这附近的山上还有座塔，故名塔峪。

千金乡。1961年从原五龙公社中划出10个生产大队成立千金公社，之所以叫千金，这可能与曾经位于这附近的千金寨有关。

前甸镇。相传在清代晚期，因浑河发洪水，许多灾民便迁居来到此地，这里位于附近的台山之南，原来是一片荒草甸子，在古代以坐北朝南为尊位，南在前，北在后，故而称此地为前甸。

河北乡。这里地处顺城区西北部，因地处浑河北岸而得名。

会元乡。其名与明长城有关。明代在抚顺修筑长城，沿途所设会安、东洲、马根丹、散羊峪四大边堡，会安堡便位于此地，又称浑元堡、会元堡。当时取名"会安"可能期盼这里"定会安宁"，但事与愿违，在会安堡修建完成的第157年，后金兵攻破了会安堡，之后一路掠夺，获得俘虏千人。1911年版的《抚顺县志略》也曾提到过浑元城之名，后来改称会元。

碾盘乡。在乡政府所在地的碾盘村，相传过去这里曾有一个碾米的大碾盘，故而得名碾盘。

兰山乡。这里是抚顺市四区三县内，辖区面积最小的乡镇。相传在清代，山东登州府、青州府、莱州府等地区人来此定居，因此地南山背上生长着一种兰花，味道清香，因此得名兰山。

哈达镇。"哈达"是满语，意为山峰，因这里地处长白山余脉，有三道山脉夹着两条河流，山峰林立，所以称为哈达。

章党镇。章党源于满语"扎克党"，是松树的意思，在明末清初时，这里有许多茂密的松树林，同时也是满族聚居区，许多人都把这里叫"扎克党"，后来渐渐就叫成了"章党"。

千金寨是抚顺的一个地方。它的下面是如今的西露天矿。

20世纪30年代末，抚顺人口猛增至20多万，城市范围由清末的4平方公里，增至91平方公里。千金寨也由原来几十户人家的村庄变为繁华的街市，并且有了邮电、交通、供水、供电等城市基础设施。随着煤炭工业和商业的发展，以及城市中心的南移，使千金寨成为20世纪上半叶抚顺地区的经济中心和东北地区的重要市镇。

如今，千金寨已经无法从地图上找到了，但以千金寨冠名的地方，还保留着历史的记忆，如：千金路、千金乡等。

千金寨

玫瑰小站

永安桥

南杂木火车站有"玫瑰小站"之称，位于清王朝发祥地新宾满族自治县，建于1927年，"杂木"为满语"刺玫花，又称野玫瑰"之意，又因地处浑河南岸而得名"南杂木"。南杂木镇东临清原，西接抚顺，北望铁岭。

具有百年历史的老永安桥是抚顺横跨浑河的第一座永久性桥梁，它年龄最长、最为知名。2005年7月1日修竣的新永安桥为两跨单斜塔双索面预应力混凝土斜拉塔，主塔采用矩形体，呈天鹅造型，承载着抚顺人民对美好前景的无限憧憬。

巧奪天工

燃灯清昼

澤河兩岸

第七篇

树高千尺，气脉连根。浑河两岸的崇山峻岭，哪里有树木森林，哪里就有根植于土地的树根。抚顺和浑河两岸的文化艺术，就来自土地、河流、山脉和生生不息的生活。

当北方大山中的树根、浪木、奇石汇聚到抚顺新宾满族自治县一个叫上夹河的小镇，这些平淡无奇、过去当柴烧的树根，在新一代"艺术农民"手中会产生奇妙变化，经过精雕细刻，创意琢磨，看似不起眼的树根便有了灵魂，游龙、走兽、花鸟、人物在枯木和树根中复活，并与屏风、茶台、摆件等实用艺术品一起走进我们的现实生活。早在2018年，这处由当地农民自主形成的根雕市场年产值就已经突破千万元，以后逐年递增，如今已经成为中国北方规模最大的根雕艺术市场。

树木是辽东生态的主色调主旋律，煤炭是抚顺资源禀赋和生产生活的主源。早在遥远的7000年前，抚顺的煤精雕刻艺术就已经走进人类生活，诠释浑河两岸最悠久最古典的美学。

1973年，沈阳新乐遗址出土一批由煤精雕制而成的"耳珰""圆珠"等远古艺术品。经专家鉴定，煤精原料均来自50公里外的抚顺煤矿。1903年，煤精、琥珀随抚顺露天煤矿的开采大量面世。来自河北省深县赵家村的赵昆生、赵景霖兄弟，应募修建沈阳故宫凤凰楼时发现抚顺的煤精、琥珀可雕性极强，两位雕刻高手联合木雕艺人张佰孝，合作成立抚顺首家雕刻作坊"双和兴"。"双和兴"门下收徒20余人，其中1909年出生的刘东坡12岁拜赵昆生为师，艺术天赋极高，16岁时，一改师兄弟传统雕刻烟盒、烟嘴、笔筒、花瓶等一般工艺品，创作出大型煤雕《刘邦斩蛇》轰动辽沈艺术界，开创抚顺煤精琥珀雕刻新风。

1954年，刘东坡、郭义、李玉明等11名艺人在政府帮助下成立煤精雕刻合作社，这就是抚顺雕刻厂前身。1958年，北京人民大会堂落成，刘东坡等人用煤精雕刻成直径1米的地球仪在人民大会堂辽宁厅展出，煤精琥珀艺术走上全国舞台。刘东坡、王继昌、马骉等一大批艺术大师推动抚顺雕刻艺术不断向前发展，作品在全国工艺博览会等艺术评比中屡屡获奖。

2008年，抚顺煤精雕刻艺术入选国家级非物质文化遗产名录。抚顺建立起抚顺煤精琥珀博物馆、抚顺合璧斋两个非物质文化遗产传承基地。关大路、程斌、龚振涛等雕刻大师和非物质文化遗产传承人，把煤精琥珀雕刻艺术推向更高的境界。

煤炭和抚顺特殊的地理位置，成就了辽金时期抚顺大官屯瓷器产业基地的形成。抚顺大官屯瓷窑生产对东北民间艺术产生重要影响。

煤精、琥珀、剪纸、满绣、说唱、地秧歌等民间生活艺术，它们曾是浑河两岸人民日常生活的一部分，这些生活艺术与现实渐行渐远，濒于消失，成为非物质文化遗产，需要我们更好地进行传承与保护。

过去人们只是从地理、地域和民族性等方面理解文化艺术，如果从发展和时代的眼光去看抚顺的生活艺术，有些已经成为中华民族和世界性文化的一部分。

北京普通话艺术、旗袍服饰艺术、中华餐饮文化艺术等，就带有浑河两岸的生活习惯和风俗特征。

走向当代，浑河两岸的文化艺术向多元多领域发展，现实生活已沁入抚顺人的血脉，起始于浑河的新中国工业化进程，为艺术文化增加了大工业色彩。

1949年，作家萧军来到抚顺，创作出《五月的矿山》等文学作品；1961年，诗人郭小川来到煤都抚顺和钢都鞍山体验生活，为抚顺写下1100余行长诗，收录在著名的《两都颂》诗集之中。中国作协原书记处书记、作家韶华曾在大伙房水库建设工程担任宣传部长，这为他创作《燃烧的土地》《浪涛滚滚》《沧海横流》《沸腾的山谷》等文学作品积累了大量工业建设题材作品素材。

1976年，抚顺诗人李松涛组诗《深山创业》在《诗刊》发表引起全国反响。1984年，抚顺《琥珀诗报》创刊，诗人臧克家亲自题写报头。此后，抚顺诗人诗歌在全国历届年度编选的《中国诗刊诗报作品集粹》中出现，大量诗歌和诗人的产生，让抚顺成为全国著名的诗歌之城，并产生了李松涛、林雪等鲁迅文学奖标志性诗人。话剧《战犯》、新编历史京剧《康熙出政》等大戏入京演出，连获国家级奖项。于和伟、佟大为、梁林琳等抚顺籍演员登上一线荧屏。剧作家宫凯波创作的小品、电影、电视剧登上影视屏幕，并获得全国影视和文艺大奖。

2015年11月，中新建交25周年，民族管弦乐《三字经随想曲》登上国家国际交流舞台。在新加坡中国文化中心，中国、新加坡两国元首共同欣赏了中国传统文化的魅力；2016年12月，交响乐《Da pacem》（意为世界和平与大爱）在德国柏林G20各国部长级首脑峰会上演，两部作品作曲者、在中国音乐学院执教的王珏就来自抚顺。

艺脉连根，艺气相通，来自浑河两岸生活的艺术文化，使抚顺在传承和发展中不断走向全国、走向世界。

作为"煤都"，抚顺仅有百余年历史；"抚顺"这个名字出现，也不过600多年的时间。然而，这一片土地，却拥有着悠久的文明。7000年前的煤精雕刻、2000年前的青铜文化、战国的刀剑、汉代的瓦当、辽代的古塔……浑河所孕育的浑河文明丰实而厚重。那些蕴含着浑河文明的遗珍，成为记录抚顺地区发展历程的物证，它们像历史长河泛起的朵朵浪花，述说着世世代代抚顺人内心深处的古老记忆。

或许是美食文化的发端

距今7000年前，浑河流域的沈阳新乐遗址先民采集抚顺西部的煤精并制作成煤精珥珰，将同属浑河流域的抚顺地区纳入了"新乐下层文化"范围。新乐遗址出二的"之"字纹筒形陶罐和煤精制品，这些中国新石器时代中期文化遗存，成为抚顺博物馆年代最久远的馆藏文物。

陶器，随着史前人类过入新石器时代的定居生活而出现。作为当时人类主要的生活用具之一，陶器的制造、形制、色彩和纹饰，是考古学上辨别不同文化类型的重要依据。陶器的造型，体现了古人实用与美相结合的情趣。遥远的3000年前，繁衍生息于浑河两岸的"望花文化类型"人群，已经开始使用以鼎、鬲、甗三足器为代表的陶器。这些或褐陶或夹砂红褐陶的陶器，尽管素面无纹饰，但造型简洁大方，透射出古人审美水平的不俗。用来煮饭的鼎，尽管后来演变成庙堂祭祀用的礼器，但在当时其还仅是一种炊具。令人称奇的是，甗是由甑和鬲两部分组成，上甑放食物，下部鬲储水，二者间置箅子以用来蒸食物，甗完全可能就是现在蒸锅的鼻祖。

不难看出，彼时的先民不仅制陶工艺相当讲究，而且生活安逸，食物丰富，已有闲情逸致追求舌尖上的感受。口感、味道已经被他们重视起来，因而在食物烹饪方式上有了更多的想法，在告别了茹毛饮血之后，先民在"吃"的方面又有了实质性的进步。鼎、鬲、

甗的出现，尤其是甗的使用，或许是美食文化的发端！

北方青铜器代表——青铜环首刀

说起刀，你一定会想起关云长那柄青龙偃月刀。但本文要说的是，青铜环首刀——我们抚顺地区最早发现的青铜器，它比关二爷的青龙偃月刀要早一千年。

这柄三凸钮青铜环首刀出土于望花区原拖拉机配件厂遗址。浑河流域"望花文化类型"遗存中，发现的青铜环首刀、短剑、斧、矛等，是目前抚顺地区发现的最早的青铜器。它们与年代稍晚些、出土于清原北三家李家堡石棺的曲刃青铜短剑和曲刃青铜矛，是抚顺地区目前发现的数量最多、最具特色的青铜时代文化遗存，其年代相当于中原地区的西周至春秋战国时期。

我国最早的环首刀出现在新疆、甘肃和北方草原一带，中原地区在二里头文化三期，即夏代晚期开始发现。2009年，由国家文物局主编的《中国考古60年》一书中辽宁部分，将抚顺出土的三凸钮青铜环首刀作为商周之际北方系青铜器唯一一件代表性器物收录书中。

中原文化东渐，使抚顺地区古文化呈现多元、交相辉映的局面。

刘尔屯出土的"三年相邦吕不韦矛"，足以说明这一点。这件青铜矛骹两面刻有铭文，一面刻"三年相邦吕不韦造，上郡守□高工龙，丞甲工□"，另一面刻"徒□"字。这支矛应造于年幼嬴政即秦王位、相国吕不韦摄政的秦三年（即公元前244年。吕不韦没活到嬴政称帝，故而不可能是秦始皇的三年。另外，从这柄矛上还可以看出，当时吕不韦何等势焰熏天，连兵器铭文都用上其名号）。矛上中央和地方两级督造者共铭一器，实属罕见。这是抚顺首次发现秦朝建立前的战国有铭文的青铜器。矛之所至，文之所至。在古代，许多时候，地域间的征伐，客观上也会带来文明的传播。

全国唯一 ——"鸟衔鱼"瓦当

说起我国古代建筑，总会脱口而出"秦砖汉瓦"。在抚顺博物馆有一片特别的汉代瓦当——"鸟衔鱼"瓦当，其鸟衔鱼的设计，乃全国唯一！

在中国建筑史上，陶瓦的创制与使用，有着划时代的意义。瓦当是实用与艺术相结合的产物，是中国古代建筑不可或缺的组成部分。

瓦当的使用始于西周，汉代时，瓦当的设计发展到一个相当高的阶段，图像纹瓦当、图案纹瓦当和文字类瓦当等，使得瓦当千姿百态。在抚顺，东洲小甲邦汉城、新宾永陵汉城出土的云纹和"千秋万岁"文字瓦当,在已知的汉代瓦当中占有重要地位。其中永陵汉城出土的"千秋万岁"瓦当,为"鸟篆文"。"千"字第一个笔画,设计为小鸟衔着一条带鳍的小鱼。这样的"鸟衔鱼"的"鸟篆文",在全国还是独一份。

浑河流域深受中原文化的影响,"千秋万岁"瓦当足以说明这一点。从独有的"鸟衔鱼"瓦当的别具匠心的'鸟篆文'设计中,我们还可以看出,彼时浑河流域的先民渔猎也是生活方式的一种,在民间,鱼,既是果腹之物,其谐音还有"年年有余"的美好祈愿,将这种美好祈愿物象化,并将其结合到生活的方方面面,也顺理成章。"鸟衔鱼"瓦当的出现,可见当时先民生活及审美情趣之一斑。在篆刻艺术中,有"印追秦汉"之说,汉印及瓦当的形制与篆文,艺术价值之高,不言而喻。这片"鸟衔鱼"瓦当,其篆文及构图设计之精美、文化价值之高,令人叹为观止!

千岁辽塔——抚顺现存最古老建筑

文物,并不都在博物馆里,有的就在我们身边,俯仰可见,比如高尔山上的辽塔。

高尔山辽塔建于辽道宗大安四年（1088 年）,该塔用多种型制青砖砌筑,由塔基、塔座、塔身、塔顶、塔刹五个部分组成,八角九级密檐式结构,塔身八面皆有佛龛,佛龛上有砖雕宝盖,宝盖为垂嶂悬珠,宝盖两侧浮雕飞天。佛龛上雕卷门,下雕莲台,莲台上浮雕佛尊。状如立锥的高尔山辽塔,远远望去,塔身通体线条简洁明快;临近细观,则各部制作精细工巧。整个古塔造型古朴,布局严谨,充分体现了中国古代工匠的聪明才智和高超技艺。

据说,高尔山原有两座古塔,并立于山城南壁东西两翼的山岗上,属于城内辽代贵德州寺庙的附属建筑物。可惜东塔不知何故何时倾斜倒塌,只余西塔孤立于高尔山上。雍容大气的辽塔,历千年岁月,俯览浑河两岸世事变幻、人间悲欢。

放眼浑河两岸,这是一片充满文化气息的土地。这片土地上的人们,世世代代创造着文明,传承着文明,浩如烟海的文明瑰宝,闪现着艺术的星芒。

在许多抚顺人眼里，曾经以"煤都"著称于世的家乡，出产煤精与琥珀，是再自然不过的事儿了。然而，很多人不知道的是，全国那么多煤矿，唯有抚顺的西露天矿产的煤精和琥珀为最。而且，全球的煤矿中，也只有抚顺西露天矿同时蕴藏着煤精和琥珀，堪称"绝世双骄"。

为什么只有抚顺煤矿同时蕴有煤精和琥珀？大自然何以慷慨馈赠这片土地如此瑰宝？

得天独厚的珍宝

5000多万年前，抚顺是一大片湖泊，周边是高山丘陵。这里气候温润，森林繁茂。以松柏类的二列水杉为主的60余种植物群落，成为抚顺含煤盆地自然生态景观的主体。茂盛的森林植被、适宜的气候，为昆虫和动物提供了生存繁衍的有利条件。繁盛的昆虫，构成了始新世独特的"抚顺昆虫群"。

当地下岩浆剧烈活动及火山喷发，丘陵高山夷为盆地，原始森林炭化成煤，树脂变为琥珀，而被树脂包裹起来的昆虫与叶片变成了远古生物化石——琥珀昆虫和含有植物的琥珀。与琥珀伴生的还有煤精——那些经过泥炭化作用和煤化作用的植物，变成了煤精。幸运的是，抚顺西露天矿古城子组本煤层的上部富藏煤精和琥珀。

据地质学家考证，我国煤矿大都是距今2.3亿年至2.8亿年的石炭纪、二叠纪和距今1.4亿年至1.95亿年的侏罗纪等时期形成的，唯有抚顺煤田是距今5000多万年前的第三纪始新世早期形成的。我国古昆虫学家、北京自然博物馆洪友崇教授在其所著《中国琥珀昆虫图志》中记载，包括石炭纪和二叠纪在内的古生代琥珀含量较少，中生代较多，第三纪是琥珀产量最多的地质时代。也就是说，抚顺煤田，成为中国琥珀昆虫的唯一产地。能够用于大块雕刻的煤精，也只产于抚顺西露天煤矿。

煤精和琥珀，是远古大自然馈赠抚顺得天独厚的珍宝。

抚顺琥珀不只是珠宝

振翅欲飞的身姿、被树脂黏住而奋力地挣扎……那些含有各种昆虫的琥珀，对于宝石收藏者来说，是有机宝石中的"宝中宝"，而在古昆虫学家眼里，琥珀昆虫就像数千万年前的使者，携带着远古的生命信息。这些"活"化石，留下了沧海桑田变幻的记忆，也留下了远古地理、气候、生态环境等一系列珍贵信息，成为探寻远古大自然奥秘的宝贵原始资料，极具科研价值。

抚顺的琥珀昆虫种类繁多、保存完美，深受古昆虫学家青睐。这些已绝灭的昆虫群，被洪友崇教授命名为"抚顺昆虫群"。1972年，抚顺琥珀昆虫被正式立项为"中国琥珀昆虫研究"。抚顺昆虫群不但为古昆虫研究提供科学依据，还为研究古地理、古气候以及寻找相同层位的煤矿或其他沉积矿提供了依据。

抚顺西露天矿古城子组煤层中的琥珀，为专家提供了200多种琥珀昆虫标本。许多琥珀昆虫被专家以抚顺地名来命名，如"望花村抚顺斑蚜""西露天长尾摇蚊""古城子奔蠊"等，这些史前时期的昆虫有了抚顺印迹的名字，抚顺的琥珀连同许多地名写进被称为"华夏第一册"的《中国琥珀昆虫图志》中。

那些不含昆虫的普通琥珀，或被雕刻或被打磨，同样为人所钟爱，甚至不作任何雕饰的琥珀原石，也大受欢迎。值得抚顺人自豪的是，抚顺琥珀是中国琥珀中唯一能够雕刻加工的有机宝石。100多年来，抚顺琥珀一直沿袭着纯天然、纯手工的传统工艺，具有很高的珠宝、文化、艺术、收藏、科研和药用价值。如今，抚顺琥珀雕刻成为国家级非物质文化遗产。

最早的煤雕暗示浑河文明的存在

煤精，学名烛煤，又称煤玉、黑宝石，是工艺品雕刻中稀有的优质材料。我国最早有关煤精的记载见于《山海经》。在这部富于神话色彩的古著中，煤精被称为"涅石"。而关于用煤精制作工艺品的记载，最早始于距今2000多年的汉代，其后便鲜有文字提及。

1973年，考古人员在沈阳新乐电厂职工宿舍院内，发现了一处远古时代的村落。在发掘出的众多文物中，考古人员惊奇地发现了数枚煤精制品泡形器物、珥珰形器物和球形器物及煤精半成品和原料。这是历史上首次出土煤精雕刻物。这些具有一定构思意图的切割和旋磨痕迹的煤精，经过同位素碳14的年代测定，距今6800—7200年，属于新石器时代。这些远古先民雕琢的煤精原料与相距仅数十公里的抚顺西露天矿所产煤精相同。

沈阳新乐遗址煤精的发现，一下子将煤精雕刻的历史指向了7000年前！震惊之余，多年研究煤精和琥珀的学者李慧英不禁疑窦丛生：难道煤精雕刻是一种史前文化？难道抚顺西露天矿的煤精远在新石器时代甚至更早就被远古人类发现和利用？

李慧英的疑问不无道理。沈阳新乐遗址所处位置，正是浑河古道的北岸。这处7200年前的半地穴式古村落遗迹，为原始社会母系氏族公社繁荣时期的聚居点，除了那几件雕成原始艺术品的煤精，发掘的文物中还有一件经火烧后炭化了的木雕鸟，其线条流畅，刀法简练。凡此种种都说明，早在7000年前，浑河两岸就有远古先民使用雕刻技术。

抚顺煤雕世界一绝

真正使煤精走进人们视野并成为艺术品，是近代抚顺煤雕艺人的功劳。

100多年前，来自河北的木雕匠赵昆生想不到，自己会成为抚顺煤雕的开山鼻祖。

从京城来沈阳修缮故宫凤凰楼的赵昆生，被千金寨的繁华吸引，带着一身木雕手艺来抚闯世界。他无意中发现，一种特别轻的煤块儿，燃烧后连煤渣都剩不下。这种煤块儿可随心所欲砍成不同形状，他试着用其雕了一对儿手球。这对儿手球，成为抚顺近代煤雕第一件作品。

自此，赵昆生和弟弟赵景霖与山东来的木雕艺人张佰孝，在千金寨合伙开了抚顺第一家煤雕作坊——"双合兴"。

后来，"双合兴"倒闭，但其先后培养的刘东坡等几十名艺徒，成为日后抚顺煤雕技艺的火种。

1958年12月，毛泽东主席来抚顺西露天矿视察，特地到矿里煤雕展览室欣赏作为世界一绝的抚顺煤雕。一尊雕琢得惟妙惟肖的"大肚弥勒佛"吸引了毛主席的目光。毛主席拍着那光光的脑门和圆圆的肚子风趣地说："大肚佛，光吃饭，不干活，我们可不要学他噢！"这尊布袋和尚的煤雕作品，就出自刘东坡的高徒、有着"煤精王"之称的王继昌之手。

1959年，人民大会堂落成，以刘东坡为首的抚顺煤雕艺人创作的"地球仪"、四扇煤雕屏风和"奔马"等7件大型煤雕作品，在辽宁展厅一经展出，立即引起轰动。抚顺煤雕步入辉煌时代。

及至20世纪70年代中期，抚顺煤雕成了出口创汇大户，煤雕作品被频作国礼。

以刘东坡为代表的抚顺煤雕艺人，经过100年来不断传承光大，使得用料独特、技艺独到的煤雕艺术，在中华民族工艺美术百花园中大放异彩，成为国家级非物质文化遗产。

翻开《中国陶瓷史》第385页，这里清晰地记录着抚顺大官屯窑陶瓷的艺术特色。白釉、白底黑花、黑釉三轴，多为日用的壶、罐、瓶、碗、盘等。胎体一般呈灰黑色，又多为黑褐色，并闪耀金属光泽，别有趣味。这就是历史对大官屯窑陶瓷的评价与赞美。

瓷器盛世

美丽的浑河孕育了抚顺地区先民的聪明智慧，大官屯窑能够在金代鼎盛一时也绝非偶然。自古以来，抚顺地区煤炭资源十分丰富，据《近代中国实业通志》记载，抚顺煤矿"自辽、金以降，久为开采"。当时的大官屯地区就有煤苗裸露在外，距地面浅处的煤层破土可得，在大官屯窑的许多窑膛中出现了煤渣，说明当时窑场正是用煤炭烧窑。加之抚顺土质良好适宜烧造瓷器，这种得天独厚的地理条件成为抚顺发展窑业的基础。

在金代，大官屯窑之所以成为著名的陶瓷产地，也有其历史原因。公元926年，辽"以所浮汉民"置贵德州，城址即在高尔山附近，人口为20896户，约有10万余人。到了金代，抚顺的行政机构虽有所变化，人口、生产因之减少，但大官屯窑却没有停止生产，反而有了更大的发展。

大官屯窑最早创烧于辽代晚期，因该地属贵德州故也称"贵德州瓷窑"。女真人的生活用具极为简单、原始，"惟以木刻为盂，楪檕以漆，以贮食物"。为了改变这种原始用具，金代的女真人就特别需要陶瓷业的发展，而历史又为其创造了这种条件。

虽然辽时大官屯窑烧制瓷器的水平较低，但为金代发展打下了坚实的基础，金代陶瓷器也是我国陶瓷史上一个不可或缺的组成部分。以金海陵王迁都燕京为分界线，我国陶瓷史分前后两期。前期是指迁都前在东北地区的陶瓷生产，以辽宁抚顺大官屯窑和辽阳江官屯窑为代表，多为日用粗瓷，后期是指金迁都燕京以后到金灭亡这段时期关内广大地区的陶瓷生产。

金代统治者也采取鼓励、支持民间经营窑业的政策，因此，在金统治的100多年时间里大官屯制瓷业不断发展，日益兴旺，不仅出现了密集的瓷窑群，还成为规模较大的瓷器产地。手工业者出现了较细致的分工，有专门挖掘煤炭的，有专门制瓷烧窑的，也有专门从事买卖活动的，形成了一个可观的商业区。商人不断把大官屯出产的瓷器输送到东北各地，大官屯瓷器的影响越来越广。

随着窑业生产发展和产品销路的不断扩大，大官屯窑业的生产技术日渐进步，在制作工艺方面，形成了自己独特的风格。后来，它的产品不仅流通于东北地区，河北、河南、山东以及江南各省的商人，也随着宋、金政权间的经济、文化交流，不断往来。《中国通史》记载："八百多年前，抚顺大官屯窑烧制的黑釉器，产量很大，在东北各地的遗址中都有发现。"近年在东北各地发掘的金代遗址中，大都出土了大官屯窑烧制的陶瓷器皿，由此可见当时大官屯窑业的兴旺程度。

瓷语无声

大官屯窑在20世纪初被日本人发现并发掘，窑址位于抚顺发电厂西侧浑河旧河床。窑场规模较大，窑炉有椭圆形和圆形两种。椭圆形瓷窑的窑室一般长约9米，宽不足7米，窑门长约2米，宽1米。窑门内为半月形火膛，然后是窑床，其后是烟孔道。窑壁用耐火砖砌筑，外用土坯接筑，外涂黄泥。圆形窑一面有突出窑门，门内为半月形火膛，横壁后为窑床。

大官屯窑是在辽代基础上生产的，但由于所烧品种与辽代传统式样不同，加之就地取材，因而表现出较为原始、粗糙的特点。器物成型采用的是手工拉坯，没有形成一定的生产标准，器物的形制、尺寸带有较强的随意性，同一造型的器物往往各不相同。

大官屯窑址所烧造的瓷器，其胎质较厚且含有杂质，敲之声音较粗，说明胎骨的烧结程度不高，其釉色以黑釉、酱釉为主，其中白釉光泽较暗。大官屯窑陶瓷的装饰艺术也比较单一，多为单色釉素面。总而言之，大官屯窑陶瓷风格浑朴而不失工巧，与南方陶瓷的工细婉约形成鲜明对照。

大官屯窑主要烧制民间日用粗瓷，以生活用瓷中的碗、盘、罐、壶、瓶为主，其次为杯、洗、炉、盏托、瓷枕和玩具等。从出土的器物来看，大官屯烧制的瓷器造型古朴，釉色单调，尤以黑釉瓷器为最多。其中瓶、罐、壶上往往有双系、三系、四系耳，这也是金代瓷器造型的一个主要特点。窑址中出土的鸡腿瓶和瓜棱罐具有浓厚的民族特色，一些瓷羊、瓷狗等玩具，也极具特点。在抚顺市博物馆馆藏文物里，可以看到大官屯窑出土的黑釉粗质的双耳罐、盘、茶绿釉的弦纹罐、褐釉双耳罐、白瓷大碗，以及独具姿态的黑釉狗驮盏、黑釉骑马俑、绿釉小马、白釉小狗等工艺品。大官屯窑出土的玩具虽然数量不多，但极具代表性，它们灵动小巧，制作随意自然，造型乖巧可爱，代表了当时的审美时尚和工艺水平。

无论是玩具还是生活器具都可看出大官屯窑的工艺水平和规模，以及由此而带来的经济和文化的繁荣景象，特别是采煤业的兴盛。

曾经，大官屯窑随着战火衰败消逝，而今，生活在浑河两岸的人们致力于让它光芒再现，不断探寻挖掘、梳理史料，通过现代材料、工艺终于成功激活抚顺辽金时期的"瓷器时代"，重燃大官屯窑炉火。新的瓷器匠人们沿袭先人工艺加以科技力量与创新思维，将浑河两岸的白山黑水"秀"在瓷上，出产了一系列极具抚顺地域特色的优秀作品，尽显了抚顺新"瓷器时代"的特征与风采。

高尔山辽塔建于辽道宗大安四年（1088年），是抚顺市最早的高层建筑，现为省级文物保护单位。该塔用多种型制的青砖砌筑而成，塔身八角形，九级密檐。塔身自下而上，用密檐、斗拱分出比例匀称的层次，每层又用磨砌立柱，构成8个对称的圆弧犄角。在八面塔身上各有深约15厘米的长方形佛龛，上有砖雕宝盖，龛下有飞天拱托，各自组成一幅完整的浮雕图案。

高尔山辽塔

抚顺煤精

煤精，是抚顺的天然特产，是我国雕刻工艺品特种原料之一。煤精是一种稀有的煤种，比煤坚韧，结构微密，比煤轻，黝黑发亮，故称之为煤中之精华。煤精雕刻是抚顺特有的工艺美术品，在中国工艺美术行业中占有重要位置。它蕴藏着深厚的文化内涵，是民族文化和地区文化的有机结合，是抚顺地域文化最杰出的代表之一。2008年抚顺煤雕被列入国家级非物质文化遗产名录。

抚顺大官屯窑

抚顺大官屯窑最早创烧于辽代晚期，在金代鼎盛一时。它因抚顺地区煤炭资源丰富，加之抚顺土质良好适宜烧造瓷器，为抚顺地区窑业发展奠定了基础。随着大官屯窑业生产技术的进步，在制作工艺方面，形成了自己独特的风格。大官屯窑址所烧造的瓷器浑朴而不失工巧，与南方陶瓷的工细婉约形成鲜明对照。大官屯窑主要烧制民间日用粗瓷，以生活用瓷中的碗、盘、罐、壶、瓶为主。

浑河两岸

第八篇

百里不同风，千里不同俗。抚顺的城风民俗与城市的发展演进有一定关系，环视抚顺城市周边，同一方山水，隔一道山，隔一道水，风俗习惯、语言特征、行事风格就会不一样。

比如，与抚顺毗邻的沈阳、铁岭、桓仁等市县，彼此相距不过区区百里，本溪的桓仁满族自治县与抚顺的新宾满族自治县相邻，虽同样地处辽东东部山区，桓仁口音侧重于辽宁沿海地区，与丹东、庄河、大连等沿海县市类似，这是由于环渤海地区人口迁徙路线形成的民俗文化圈，风俗习惯自然也与之相关；抚顺东北部的清河，把抚顺清原和铁岭市部分地区联系到一起，那个方向是吉林和辽宁两省的传统农业区，语言特征和风俗习惯相似，东北"二人转"在这一带相当流行。

抚顺虽然与省城沈阳很近，但两个城市的口音细品并不一样，行事风格也不尽相同。

民风民俗是指特定社会文化区域内人们共同遵守的行为模式。人们往往将由自然条件的不同而造成的行为规范差异，称之为"风"，而将由社会文化差异所造成的行为规则之不同，称之为"俗"。

抚顺风俗习惯的形成离不开浑河流域的自然地貌，更离不开古代和现代城市发展的过程。

明末清初，北京城市人口70万人左右，这其中一部分人口来自抚顺和浑河流域，"从龙入关"建立和巩固清王朝，满族几乎倾尽军民从东北移师北京，造宅院、兴街市、建庙宇，风俗习惯与抚顺和浑河密切关联，说北京文化有浑河基因其实一点也不为过。

四五百年前，当建州女真部落从长白山下图们江畔来到抚顺新宾苏子河畔，抚顺地区的移民色彩愈加浓厚。明万历四十三年（1615年），建州女真在赫图阿拉城东高阜台地修建起"七大庙"，分别是关帝庙(今普觉寺)、文庙（孔庙）、堂子、城隍庙、昭忠祠、显佑宫和地藏寺。北方的庙会，将不同民族信仰和民俗集合在一处，是建州女真统一东北各民族并崛起的一个标志。

当时东北的部落民族很多，达斡尔、鄂伦春、鄂温克、赫哲人等等，其中在八旗制度中满八旗之外，还有汉八旗、蒙八旗。女真人是

风俗犹太古

心和得天真

善于学习的民族，满族文字与蒙古族文字有承继关系，清王朝刻碑立传、铸造铜钱、建设皇家园林承德避暑山庄外八庙，都能见到满、汉、蒙各民族融合的痕迹。

不同的民族、不同的文化、不同的风俗习惯，造就了抚顺的风俗习惯是民族大融合的产物，而并非单一民族的表象。在抚顺有下营子、达子营等村落，营子是蒙古族对军民驻地的称谓，这两处村落，直接证明了抚顺和浑河流域地区，在女真人崛起过程中是多民族聚集和融合之地，经过文史专家考证，事实也是如此。

每年农历十月十三日被满族人称为"颁金节"，"颁"汉译为"生""诞生"的意思。这个日子不同于中原传统文化节日，是为一个新民族诞生而设立的节日。1616年，努尔哈赤统一女真各部后建立后金政权。其子皇太极继位，于明崇祯八年、后金天聪九年(1635年)农历十月十三日发布谕旨，修正族名为"满洲族"，这标志着东北各少数民族正式融合在一起，满族正式走向历史舞台，并把风俗风尚带到北京和全国各地。

清朝末年，"闯关东"和抚顺煤矿的大规模开掘，让千金寨和抚顺成为东北新兴的现代城市之一。山东、河南、河北等移民人口，构成了抚顺城风民俗的主基调。新中国建立，史无前例的工业化进程，让近30万人口的抚顺在短时间内人口迅速增加，仅10年时间人口就突破100万。新增加的人口基本是掌握现代科学文化的知识分子和高素质产业工人。煤炭、石油、化工、冶金等全国各行业领头的企业、科研院所、大专院校的建立，让抚顺这座城市充满现代生活气息。

800米，著名的东、西四路步行街，凸显抚顺城风民俗，这条具有百年历史的老街，在新中国成立后焕发了青春。20世纪50年代，抚顺先后引进了亚洲照相馆、康乐大酒楼、同乐春饭店、大明眼镜店、春江理发店等现代商业项目。那时候的抚顺与上海等现代城市一样，从饮食到穿着乃至各种时尚流行趋势同属一个频道。

步行街上其他"老字号"宴宾楼等，从经理到厨师与北京等同类名店有师从关系，北京、上海等商业名店曾主宰抚顺步行街60余年。抚顺在现代城市商业氛围中，有了新的生活方式和现代城市范儿。步行街是抚顺新的城风民俗中心，传统的文化新的时尚,逢年过节、日常生活都要在这里体现。

城市生活变迁和经济发展决定了民风民俗的走向，劳动有生产劳动的民俗,日常生活有日常生活的民俗,传统节日有传统节日的民俗,社会组织有社会组织的民俗。

时代变迁,就如原来的曲艺厅，如今则变成快餐店、书店，康乐大酒楼变成了健身中心……可现代的民风民俗还在抚顺传承继续，新宾赫图阿拉村的"新春过大年"等生产劳动民俗，已经成为北方文化旅游的金字招牌；贴春联、杀年猪、浪秧歌、颁金节等传统文化民俗年复一年地上演。

一方水土养一方人。饮食，是这"一方水土"中一个重要成分。抚顺，作为一个多民族聚居地区，各族人民共同开发，饮食习俗互相影响，不断融合，形成了有着鲜明地方特色的饮食文化。这里既有将野味发挥到极致、丰富了火锅食材的满族火锅，也有一餐鲜鱼全部取材于大伙房水库的全鱼宴；既有日后成为国宴天花板——满汉全席一部分的八碟八碗，也有遍布街头巷尾、名满天下的风味小吃抚顺麻辣拌……

满族火锅

绿蚁新醅酒，红泥小火炉。晚来天欲雪，能饮一杯无？

在抚顺，白居易这样的约酒极易被一顿火锅所取代，冰天雪地里，没有什么是一顿火锅解决不了的。这里的火锅，依旧保持着满族火锅的风味。

满族火锅的诞生，与满族先民的生存环境密不可分。早在金代，女真人就有在野外狩猎时架火烧陶罐，用鸡汤煮食鹿、狍肉片的饮食风俗。东北高寒，往往边烧边吃，这便是火锅的雏形。明末清初，努尔哈赤带领部下在行军打仗途中，为节省时间，大家把猪、羊、牛肉等放在一口锅内烧煮。吃着火锅唱着歌，应该是将士们最快乐的时光。清八旗军入关之后，将这一美食带进了北京城。八旗驻守中原各地的满城（驻防营），又把这一美食传播到了国内各

地。从民间到宫廷，又从京城到各地，满族火锅成了满族名馔，也成了中华美食的一种。

对老家这一传统美味，皇帝和八旗贵胄都"好这一口"。康熙、乾隆皇帝东巡祭祖时，一路狩猎打围，一路火锅涮起来。乾隆、嘉庆年间，宫中多次举办"千叟宴"，宴上主菜也是火锅。尤其是嘉庆皇帝登基后，"千叟宴"席上竟设1500多个火锅，堪称中国饮食史册上最盛大的火锅宴。

满族火锅至今仍保持其铜锅炭火的形式，鸡汤沸腾，汤中杂以酸菜丝、粉丝，用来涮猪肉、羊肉、鸡肉、鱼肉。有的也用各种山珍汤，如榛菇、元蘑、草蘑等，众人围坐而食，四季皆宜。

窗外冬雪纷飞，屋内火锅沸腾。酒香之外，还有千万滋味相伴，如果白居易来抚顺，肯定会多喝几杯。

八碟八碗

在满族故里新宾，以八碟八碗待客，有着浓浓的仪式感。

相传，萨尔浒大捷后，努尔哈赤在赫图阿拉的金銮殿搭起八处凉棚，战利品分成八份。高兴之余，老罕王令每旗各出一菜一汤，凑巧的是八旗敬献的菜肴正是四凉四热、四荤四素。老罕王大喜过望，觉得这是在寓意江山四平八稳。此后，不管是庆功宴，还是民间喜宴，都喜欢以八碟八碗来庆贺。随着八旗入关，作为满族传统美食的八碟八碗逐渐演变成了满汉全席上的部分菜肴——下八珍。

八碟八碗为满族正宗桌席，讲究四凉四热八道菜、四荤四素八碗汤，所用碟碗必是大碟高碗。在后金和清代早期，只有牛录额真（牛录首领）以上的贵族阶层才能享用八碟八碗，清中晚期、民国以后，八碟八碗经过不断演进，形成定制传入民间，成为普通满族人家婚嫁、招待贵宾和欢庆时的主要宴席形式。

八碟八碗起源于新宾。这里的八碟八碗原料全部取自当地土特产品，保持着满族本土特色与饮食风俗。通常，八碟八碗上齐之后，还要端上"粘火勺、锅贴、苏子叶饽饽、煎饼、玉米饼"等主食，也就是满族人喜爱的黏食，一般选其中的4种，与八碟八碗中的"八"共同寓意为"人生顺意，四平八稳"。

再简素的日子，也讲究个仪式感。虽然在满汉全席中，八碟八碗仅仅是其中的"下八珍"，但在老百姓的烟火日子里，它却像除夕晚上那顿饺子，仪式感毫不逊色宫里的满汉全席。

全鱼宴

在抚顺，招待外地贵客，许多人首选大伙房水库全鱼宴。

所谓全鱼宴，是指全部以大伙房水库所产河鱼为主料烹制的筵席菜品。

水质优异的大伙房水库，生长着鳙鱼（也叫花鲢、胖头鱼）、青鱼、草鱼、鲢鱼等生态河鱼。这些野生河鱼，味道鲜美，肉质细嫩，其中的野生鳙鱼、鲤鱼两品种荣获"国家地理标志产品"称号。

面对如此上乘品质的鲜鱼，厨师们下足了功夫，在吸收全国烹饪名菜的基础上，充分发挥辽菜制作工艺，开发出来具有抚顺地方特色的抚顺河鱼美食系列。大伙房水库全鱼宴，可谓集河鲜之大全，保持河鱼之原味，清淡嫩滑，鲜香咸辣。目前，抚顺餐饮业、旅游饭店、旅游农庄等都在开发、研制大伙房水库鱼宴，正逐步成为抚顺的特色美食品牌。

大伙房水库风光旖旎，让抚顺人自豪。舌尖上的享受——大伙房水库全鱼宴，同样让抚顺人待客倍儿有面子。

麻辣拌

曾经，在广州某高校求学的抚顺学子发现，学校食堂里4家麻辣拌档口，竟有3家分别挂着牌匾：抚顺麻辣拌、抚顺正宗麻辣拌、正宗抚顺麻辣拌，家乡的麻辣拌，成了南国高校里的名小吃！扬州炒饭、兰州拉面、上海小馄饨、沙县小吃……在诸多以地名命名的驰名风味中，"抚顺麻辣拌"横空出世，它伴随着抚顺学子外出求学的脚步，遍布大江南北。

抚顺麻辣拌，脱胎于四川麻辣烫，它去除了麻辣烫的汤汁，直接用调料拌匀食材，在川味麻辣烫咸、麻、辣的基础上，增加了酸与甜，那些时蔬、豆腐泡、木耳、海带结……经过麻、辣、咸、酸、甜五味神奇的加持，幻化成比麻辣烫更浓郁更丰富的美味，像极了抚顺人的性格，爽利痛快，敢爱敢恨。那些彼此缠绕的味道，在时光中和故土、旧念、坚忍、勤俭混合在一起，才下舌尖，又上心头。

抚顺麻辣拌起源于下岗者的创业故事。20世纪90年代，下岗潮波及抚顺。当时，四川麻辣烫传入抚顺。一对下岗夫妻靠卖麻辣烫维持生计，为提高竞争力，他们根据抚顺人的口味喜好，将麻辣烫改造成适合东北人口味的实惠美食，受到抚顺人欢迎。平常无奇的食材变成让人忘不掉的美味，下岗创业的艰辛换来人生从头再来的欣慰，抚顺麻辣拌，"拌"出了一代人不服输的奋斗精神，也"拌"出了一个城市兼容并蓄的城市性格。

最初，麻辣拌兴起于抚顺各个中学周边的小吃街。多少个自习的夜晚，是麻辣拌慰藉着莘莘学子的辘辘饥肠。异乡深造的日子，又是麻辣拌缩短了他乡与故乡的距离。无论走多远，无论走多久，许多学子放假归家的第一件事，就是去中学附近的麻辣拌小店慰藉肠胃的渴望。一家中学附近的麻辣拌店老板说，有的孩子即使念了博士，也要过来寻找那曾经的味道……

民以食为天，食以味为先。这些带着抚顺地方特色的美食，在让抚顺人甘之如饴的同时，走出抚顺，走向全国，为中华民族食谱写上了璀璨的一笔。

旗袍，既内敛含蓄又潮流开放，既风情浪漫又典雅高贵，将东方女性风姿绰约、欲说还休的古典韵致展现得淋漓尽致。这种源于满族人满服、旗装的女性服饰，历经百年演进，作为一种审美符号和文化因子，体现着中华民族从对抗到融合，从封闭到开放的历史变迁。

满袍旗装

让许多人意外的是，旗袍诞生之初，并非女性专用装，而是满族男女都穿的一种长袍——满袍。

活跃于东北深山密林的女真人，以狩猎捕鱼生活为主，满袍的袍身紧窄合体、袖子窄小，极适应骑马射箭的需要。努尔哈赤统一女真各部后，力推八旗制度，编制在八旗内的满族人，被称为"旗人"。约定俗成，"旗人"所着之袍亦被称为满袍、旗装。

旗装是满族男女老少一年四季都穿着的服饰，它裁剪简单，圆领，前后襟宽大，而袖子较窄，四片裁制，衣衩较长。由于袖口附有马蹄状的护袖，又称马蹄袖。早期的满族袍服样式与结构简单，不分上下，与汉族的"上衣下裳"有明显区别。女式旗装基本与男袍相同，只是在领口、前襟、袖口等处镶饰花边，天寒时则加马褂或马甲于袍外。

身着旗装、骁勇善战的满族将士，在17世纪的中国驰骋纵横。伴随着清军入关的脚步，旗装以及满族人的生活习惯也一并被带到中原。随着政权的逐渐稳固，新王朝强制实行剃发易服，但是因为汉人强烈反抗，不得不采取缓和的政策，限定剃发易服的范围，允许僧人、女人和孩子不从满俗。"男从女不从"的政策，使得汉族男子将相传千年的上衣下裳一水儿地换成了旗装，而女装，则是满女穿满服，汉女穿汉装。

虽然从字面看，旗袍泛指旗人（无论男女）所穿长袍，不过只有八旗妇女日常所穿的长袍才与后世的旗袍有着渊源关系。顺治、嘉庆年间屡次颁布禁令，禁止满族女子违禁仿效汉族妇女装束。但是，中华民族就是有着神奇的包容性。300年里，汉族和满族服饰也不断互相借鉴。汉族女子效仿满族装束，汉族的袄褂变得越来越长，类似于旗服；而旗装则慢慢变成宽身大袖，并引用汉族独特的纹饰图案以及刺绣工艺。到清朝中晚期，旗、汉女装的区别已经不甚明显，甚至互借互用时兴做法或装饰手段。旗装的襟式开始有了变化，如大襟、偏大襟、琵琶襟等，受汉族的影响，旗装确立了右衽襟式。旗装的扣子也变成中国的传统符号——盘花扣。这一古老的中国结，不仅有连接衣襟的功能，更成为装饰服装的点睛之笔，生动地表现着中国服饰重意蕴、重内涵、重主题的装饰趣味。

满汉妇女服饰风格悄相交融，使二者服饰的差别日益减小，成为旗袍流行全国的前奏。

推翻帝制留下旗袍

1911年，辛亥革命推翻中国最后一个封建王朝。清朝皇帝被赶下台，清朝的遗老遗少和辫子等许多东西成了不合时宜的、被革命的对象，京城好多满族人惶惶然不敢再穿旗装。

然而令民主革命者们没想到的是，旗人的服装并没有随着清王朝的灭亡而消失，反过来，旗人女子的袍服迅速在汉族进步女性中风行起来。张爱玲在其《更衣记》中这样写道："……'五族共和'之后，全国妇女突然一致采用旗袍，倒不是为了效忠于清朝，提倡复辟运动，而是因为女子蓄意要模仿男子……她们初受西方文化的熏陶，醉心于男女平权之说……她们排斥女性化的一切，恨不得将女人的根性斩尽杀绝。因此初兴的旗袍是严冷方正的……"

有专家认为，那个时期女人们穿起类似于男人一样的旗装袍服，是男女平等意识在服装上的外在表现。这种平等意识，跨越了狭隘的民族观念。经改进的旗袍，腰身宽松，袖口宽大，长度适中，便于行走。就这样，旗装袍服慢慢从旗女服装演变为进步女性的装束，并在广大女性中铺开来。后来成为中国妇女较通行的服装。

被张爱玲形容为"严冷方正"的早期旗袍，折射出彼时的人们依然受封建礼教的束缚，旗袍庄重严肃，根本不显体型。

京派旗袍与海派旗袍

清末民初，北京是旗人聚居最多之地。旗女所穿长袍，衣身较为宽博，造型线条平直硬朗，衣长至脚踝。"元宝领"用得十分普遍，领高盖住腮碰到耳，袍身上多绣以各色花纹，领、袖、襟、裾都有多重宽阔的滚边。咸丰、同治年间，镶滚达到高峰时期，有的甚至整件衣服全用花边镶滚，以至几乎难以辨识本来的衣料。旗女袍服装饰之烦琐，几至登峰造极的境界，成为京派旗袍一个显著的特点。

辛亥革命后，旗人多弃袍服而着大褂与裤子，故而20世纪初穿旗袍者极少，20年代才略有回复。而且，鼎革后的旗袍有了质的变化，这个变化主要发生地，却是上海。

辛亥革命的狂风，清除了西式服装在中国普及的政治障碍，也把传统苛刻的礼教与风化观念丢在一边，解除了服制上等级森严的种种桎梏。旗袍卸去了传统沉重的负担，旧式旗女长袍被摒弃，新式旗袍在乱世中登场。

此时，华洋杂处的上海，传教士、商人、革命党人竞相在这里创办女学，女权运动以及寻求解放的社会大气候，荡涤着服饰装扮上的陈规陋习，简洁淡雅、注重体现女性自然之美的旗袍应运而生。得风气之先的上海女学生是旗袍流行的始作俑者。她们作为知识女性的代表，成为文明的象征、时尚的先导，社会名流、时髦人物纷纷效仿。

1929年4月，为了迎接孙中山先生的灵柩从北平到南京安葬，民国政府公布有关服装的条例，正式将旗袍定为国服。这无异于主流社会肯定了这种既传统又开放、既古典又现代的女式服装。

1930年1月9日，上海大华饭店举行国货时装表演，体格健美的时尚男女展示出各类时尚美衣，女子长旗袍出尽风头。时装表演带动各大报纸杂志开辟服装专栏，以及红极一时的月份牌时装美女画，都推动着旗袍成为时装流行的新宠。这种新式旗袍被称为海派旗袍。

如果说古典而雅致的京派旗袍如同大家闺秀，那么浪漫而风情的海派旗袍就是摩登女郎。20世纪三四十年代，可谓是旗袍的辉煌期。欧美服饰的最新款式，仅需三四个月就会流传到上海，而全国各地又以上海为楷模。吸取西式裁剪方法、袍身更为称身合体的改良旗袍，虽然脱胎于清旗女长袍，但已不同于旧制，成为兼收并蓄中西服饰特色的近代中国女子的标准服装。连袖削肩，高领开衩，下摆达到最低点，而开衩直到臀部。中国女性的秀腿第一次展现于自然的天光云影之中。成熟的海派旗袍，使中国旗袍艺术发展到顶峰。其以简练的线条，完美的造型，折服国内民众。

如今，融汇了满族、汉族以及西方服装元素的旗袍，已经成为可与西方晚礼服相媲美的中国礼服。在T型台上，旗袍成为时尚的宠儿，在国际舞台上，旗袍成为中国女性展现自我风采的最佳选择。

穿越时光的万花筒，中华民族从封闭到开放的历史变迁，就记载在那精巧雅致的盘扣、玲珑有致的腰线中，记载在中国女性的旗袍上。

"一方"，指的是某一块地域；"水土"，包括地理位置、物候环境；"一方人"，则是长期生活在这一地域的人。每个地区的水土环境、人文环境都不同，人的性格、生活方式、思想观念、人文历史也就随之而改变，而生活在一起的人，性格、习惯也会很相似，所以，一个地方的人都差不多。就像山西人都喜欢食醋，四川人都喜欢食辣。抚顺粗犷大气的山山水水，决定了抚顺人的豪爽、质朴，饮食上的大刀阔斧，大块吃肉、大碗喝酒。

爱吃都是同一口

遇见四季吃定四季。这是抚顺人的豪气也是抚顺人的福气，舌尖上的抚顺不会少了任何一个季节，每一个季节的美食都会给予抚顺人味蕾上的超级满足。

春季，浑河两岸充沛的水资源滋养着大地，抚顺大大小小的山中处处生机勃勃，生长着丰富的自然美味。数十种山野菜既是中药材，也是人们喜爱的餐桌美食，清煮、煎炸、凉拌、调馅，每一种做法都会带给人们全新的美味和享受。夏季，果蔬丰盈，"地产"蔬菜唱了主角，"大丰收"的名气总是能占一桌之上风。秋天，又到了大自然馈赠的季节，各种野生蘑菇更是抚顺人喜爱的美味。无论怎样烹饪，一盘极具"成就感"的自采蘑菇端上桌，就是对抚顺人的口味。到了冬天，是各色铁锅炖的秀场，铁锅炖大鹅、小鸡炖蘑菇、猪肉炖粉条，大盘子大碗，有时，甚至一锅就是一桌，家人或朋友围坐一起，吃的既是美味，也是热闹。不过，最具抚顺人口味共性的当数酸菜。抚顺人的餐桌离不开酸菜，抚顺人的冬天更离不开酸菜。余白肉也好，炖血肠也罢，再或是酸菜馅的饺子，酸菜里散发出的除了独特的醇香，更多的是家的味道。

抚顺人吃酸菜其实有着很久远的历史，最早可以追溯到几千年前的西周时期。据《周礼》记载，酸菜古称为"菹"，这个字的含义就是酸菜或腌菜。北魏的《齐民要术》，更是详细介绍了我们的祖先用白菜（古称菘）等原料腌渍酸菜的多种方法。《诗经》中也曾有："中田有庐，疆场有瓜，是剥是菹，献之皇祖"的说法。

在抚顺还有一个特殊的果品，不仅酸甜可口，还特别解酒、解腻，没错，就是冻梨。过去，由于食品匮乏，加上没有水果保鲜技术和保鲜运输、储藏条件，冻梨几乎是普通人家冬天能吃到的为数不多的水果。虽说现在抚顺的冬季什么样的水果都可以买到，但冻梨还是很多抚顺人的最爱。

说话口音一个调

无论是哪个民族，籍贯是哪里，只要是土生土长的抚顺人，说话的口音都是极具共性的。例如，有些抚顺人把普通话开头的零声母字单韵母除外加声母n，如把"挨"读为"nai"，把"鞍"读成"nan"，"昂"读成"nang"。抚顺地区方言中还有一个显著的特点——无舌尖后音r，普通话的r声母音节在抚顺方言中分别被读为零声母音节或l声母音节。如"re、ran"，抚顺方言读为"ye、yan"；"扔、锐"，抚顺方言读为'1eng、1ui'。另外，抚顺方言多无舌尖后音，即翘舌音zh、ch、sh，在抚顺方言里，同一个音节，忽而读为平舌音，忽而读为翘舌音，尤以这两种音节连读为甚，往往是后一个音节的声母为前一个音节的声母所左右，例如，见到张三(zhangsan)就叫"张山"(zhangshan)，遇到曹山(caoshan)就喊"曹三"(cao-san)。一般，这种现象在中老年的抚顺人中表现较为明显，在青少年中则表现为舌尖前音（平舌音）和舌尖后音（翘舌音）自由变读，即z和zh，c和ch、s和sh自由变读。

抚顺地区方言还有一个特点，就是没有单韵母o。抚顺方言把普通话的o韵母音节（零声母音节除外）读为e韵母音节，例如，把"玻(bo)、坡(po)、摸(mo)、佛(fo)读为"be、pe、me、fe"。"擦玻璃""上陡坡"听起来就是（cabeli）（shang-doupe）。抚顺方言再就是调值上的显著特点，例如，"出、国、脊、质"四个字都是古入声字，普通话分别读为阴平、阳平、上声、去声；而抚顺方言把"出"读为阳平，把"国"读为上声，把"脊"读为阴平，把"质"读为上声。很多外地朋友表示，抚顺人说话的口音会"拐弯"，初听，需要细细揣摩，像"你好"读成"泥好"，"演讲"读成"盐讲"，"桌子"读成"卓子"，"鸭子"读成"牙子"等等。总的来说，抚顺方言一般情况第一个字的音压不下去，第二个字的音提不上来，这也是抚顺方言最大的共性。

乐趣同在一条河

　　一脉浑河承载了所有抚顺人一年四季的快乐。源于抚顺，贯穿整座城市中心，这是浑河对于抚顺独特的厚爱和最好的馈赠。抚顺人的爱在这条河，抚顺人的乐也在这条河。每到四季更迭，就是浑河两岸人快乐的刷新。春季，两岸繁盛的花草是春光里最惬意的景，两岸人们的快乐序曲随着河水的消融开始了新一年的序曲。夏日的浑河两岸绿树成荫、清风徐徐是避暑的胜地，无论是静息纳凉，还是休闲锻炼，各年龄段的人们都可于此自得一乐。秋季，银杏叶黄灿灿，爬山虎叶红漫漫，浑河的秋趣在一个个高飞的风筝上，在摄影爱好者一张张照片里，在一个个孩童玩耍的笑声中。

　　冬日里的浑河带给两岸人民的快乐更是直线飙升，滑冰、抽冰尜、滑冰刀、打跐溜滑、打雪仗，整个河床就是全抚顺人民共同的乐园。打雪仗，不了解东北"雪仗文化"的南方朋友容易被吓到。东北人打雪仗不是大家想象的非常唯美的画面，丢一个小雪球扔过去打在肩上，你来我往好似小情侣一般。而是无论男女，拽过来就扔雪堆里，大把雪花塞进后脖子，完事还得踹你两脚，然后一起笑哈哈。也有人说，如果没把谁抬起来直接扔雪堆里，那就根本不叫打雪仗。跐溜滑这个词，不是东北人恐怕也不好理解，大概意思就是在冰上溜，用脚滑着走路。不是每个东北人都会滑雪，但是每个东北人一定都会打跐溜滑。抽冰尜又叫抽陀螺，尜是北方地区对陀螺的俗称。抽冰尜是用绳子绕在冰尜上，然后用力一拉，冰尜就在冰面或雪地上旋转起来，接着玩者对其不停地抽打，使其在冰面或雪地上长久地转动。虽说夏天的时候也可以抽旱尜，但却少了冰天雪地里的趣味。

旗袍，既是古典的，又是时尚的，它是美丽的物语。据记载，旗袍最初是满族人的一种服装，满族先人，无论男女老少一年四季皆穿袍服。满族人又称旗人，故有旗袍之名。

满族旗袍

追溯旗袍的历史，辽宁抚顺才是旗袍的故乡，准确地说，旗袍发源于抚顺的新宾。满族旗袍在裁剪上没有横向腰线分割和胸腰省道，采用的是边缝内收的制作手法，外形轮廓顺畅，曲线优美，能很好地体现出女性的体形美感。

抚顺麻辣拌是抚顺著名的小吃之一，主要由土豆、海带结、豆皮等原料组成。

麻辣拌起源于 20 世纪 90 年代中期，是抚顺人在引入的麻辣烫基础上发明的，非常受欢迎。有甜酸口味、麻辣口味等，辽宁周边也有相应的麻辣拌出现，不过最正宗的都在抚顺，是抚顺儿女出门在外最思念的美食。

抚顺麻辣拌

满族颁金节

颁金节是满族人的节日，"颁金"是满语，意为满族命名之日。这天，满族人纷纷聚集在一起，载歌载舞庆祝自己的节日。同时，还准备奶茶、打糕、金丝糕等食品，供大家品尝。"满族颁金节"作为每年抚顺满族风情旅游节的主题活动，邀请全球满族人回家纪念。

跋

　　山是水之源，水为山之魄。抚顺，这座有着7000多年悠久历史、钟灵毓秀的城市，山水相依，自成风骨。一条源自滚马岭的浑河穿城而过，静水深流，看尽人世繁华与沧桑。这条河，哺育了一代又一代抚顺儿女，成为从古至今抚顺人的心灵家园；这条河，塑造了浑河两岸抚顺人独特的精神文化气质和坚韧奋进、勇毅担当的优秀品格；这条河，催生了雷锋城里气吞山河的博大胸怀与澎湃丰筋。

　　浑河文明是抚顺作为文化名城的基石，挖掘浑河文明的文化底蕴是内增城市凝聚力、外增城市吸引力的必由之路。2022年夏，中共抚顺市委宣传部组织策划，抚顺日报社聚焦浑河，组成特别报道团队，从浑河源头出发，开启"浑河两岸"之旅。采访团队历时一个多月，途经200余个村镇，采访300多家单位和个人，深入浑河流域进行实地采访，以饱满的情感，穿老林、入沃野，追溯浑河流域文化之根，用心、用情描摹抚顺青山绿水的气质之美，身临其境地对浑河的地理、生态、自然、历史、文化等进行再梳理、再认识，进一步挖掘抚顺历史文化资源，为抚顺转型振兴发展"生态赋能"。采访团队沿着浑河两岸遍访文化名人、闾里百姓，走进工矿企业，探寻抚顺文化的发展脉络和规律，探索抚顺源远流长的浑河文明、蓬勃发展的工业文明，为抚顺转型振兴发展"文化赋能"。

　　抚顺日报社随后相继推出"浑河两岸"大型融媒体系列报道，《抚顺日报》也先后刊发了8辑特刊，全方位、多角度地对抚顺的自然地理、历史文化、保护治理、民族融合、城市发展、生态文化、生态资源等进行了详实的记述，全景、立体多维地展现抚顺深厚的历史文化底蕴和青山绿水的气质之美。通过新闻报道、记者述评、思辨文章、人物访谈、资料选编等形式，充分展现了文化之根、城市之魂、动力之源，增强全市人民的历史自信、文化自信、发展自信，为抚顺转型振兴发展

"生态赋能""文化赋能"。

"《浑河两岸》以鲜明的主题、诗意盎然的文字、生动传神的画面，令人耳目一新。这是献给大河两岸人民丰盛精美的一席大餐。""文图并茂的《浑河两岸》把我们带到大河出生地，追溯她的源头和变迁，寻觅她的足迹和子女，欣赏她桂冠上璀璨的明珠，探索辽山辽水辽城与她的渊源关系，述说两岸人民在她哺育下的生存状态。""舒展画卷，大河两岸的地理样貌、历史文脉、人文环境清晰展现，让我们看到了历史与现实、人文与地域、生态与地理完美的交融、和谐的统一。"……《浑河两岸》特刊甫一刊出便在社会上引起广泛热议，得到了来自各行各业读者的关注和好评。

《浑河两岸》于采编者来说，就是林海音先生的《城南旧事》、金受申先生的《北京通》，字里行间都深藏着采编者对家乡的赤子情怀与无限热爱。为了让更多人了解抚顺、走进抚顺、爱上抚顺，为了让浑河两岸的风土人情载入乡土教材，进社区入校园，让抚顺儿女、子孙后代情有所依、心有所系，让远在异域、"他乡无法安放灵魂"的抚顺游子可以找到精神的皈依和灵魂的栖息之所，抚顺日报社成立编委会，将《抚顺日报》刊发的8辑"浑河两岸"系列报道结集成《浑河两岸》出版，以飨读者。

在采编《浑河两岸》的过程中，得到了市直各部门、各县区、专家学者及有识之士的鼎力支持。在本书即将付梓之际，特向给予本书支持和帮助的各位领导和各方人士表示衷心感谢！

一条浑河，流经千里；两岸风物，历经千年；城市变迁，日新月异，远非一本书所能涵盖、几十篇文章所能概全，加之编者水平所限，不当之处敬请读者给予指正。